全国かわいいおみやげ

●

甲斐みのり

はじめに

この本では、日本全国四十七都道府県、全百九十四点の「かわいいおみやげ」を紹介しています。

私はこれまで、日本全国、様々な土地を旅してきました。仕事として取材に出かけたり、個人的な好奇心に誘われたり。目的はその都度違っていますが、いつでもどこでも、おみやげを探し、買い求めるのが習慣になっています。

駅や空港の売店はもちろん、物産館、道の駅、老舗のお菓子屋さん、地元の百貨店、スーパー、コンビニ、喫茶店、路地裏にたたずむ偶然出会ったお店まで、あらゆるところを見て回ります。

私にとって、おみやげ探しは、宝探しと同じ。心楽しい旅のひと時。

毎回、帰り道は、手がちぎれそうになるほど大きなおみやげ袋を抱える

ことになるのですが、その重みさえ幸せに感じるほど。

もちろん自分が探すばかりでなく、いただいたものでうれしかったもの

もたくさん。そうして今まで出会ってきた土地土地の食品の中から、印象

に残っているものをいくつかの視点で選出しました。

まず、「見た目」が愛らしいもの。

「その土地らしさ」がにじむもの。

それから「価格」が手頃なもの。具体的には、数百円から三千円くらい

までのものを今回は取り上げています。

旅先で買いやすいように、ターミナル駅や空港、繁華街にある本店、地

元のスーパーなど、可能な限り「足を運びやすいところ」で入手できるも

のを選んでいますが、ところどころ、季節限定や数量限定、特殊な販売先

のものもあります。

「賞味期限」も基本的に長めのものを選ぶように心がけましたが、購入当日に味わう必要があるものもあるので、目的に合わせて判断してください。

さらには、定番ものと、目新しさを感じられるもの、どちらも尊重できたらと。

渡したとき、「かわいい!」「こんなものがあるのね!」という歓声が聞こえてくるように。そんな思いを込めて、大好きな品々を厳選しました。

この文庫を鞄にしのばせて、旅行や出張のおともに、お楽しみください。もしくは、旅や出張に出かける人に、「この本に載っているこれを探してきてほしい」と、お願いしてみてはいかがでしょう。

ページをめくりながら、その土地を訪ねてみたいと思っていただくことができれば、何よりうれしいです。

甲斐みのり

北海道のかわいいおみやげ

北海道 …… 010

東北地方のかわいいおみやげ

青森 …… 016
秋田 …… 020
岩手 …… 024
山形 …… 028
宮城 …… 032
福島 …… 036

関東地方のかわいいおみやげ

茨城 …… 068
栃木 …… 072
群馬 …… 076
千葉 …… 080
埼玉 …… 084
東京 …… 088
神奈川 …… 092

東海地方のかわいいおみやげ

静岡 …… 098
愛知 …… 102
岐阜 …… 106
三重 …… 110

関西地方のかわいいおみやげ

滋賀 …… 116
京都 …… 120
兵庫 …… 125
大阪 …… 129
奈良 …… 133
和歌山 …… 138

全国かわいいおみやげ［もくじ］

北陸・甲信地方のかわいいおみやげ

- 新潟 …… 042
- 富山 …… 046
- 石川 …… 050
- 福井 …… 054
- 長野 …… 058
- 山梨 …… 062

中国地方のかわいいおみやげ

- 鳥取 …… 144
- 島根 …… 148
- 岡山 …… 152
- 広島 …… 156
- 山口 …… 160

九州地方・沖縄のかわいいおみやげ

- 福岡 …… 186
- 佐賀 …… 190
- 長崎 …… 194
- 大分 …… 198
- 熊本 …… 202
- 宮崎 …… 208
- 鹿児島 …… 212
- 沖縄 …… 216

四国地方のかわいいおみやげ

- 香川 …… 166
- 愛媛 …… 171
- 徳島 …… 176
- 高知 …… 180

はじめに …… 003

コラム

1 おみやげのルーツは「伊勢神宮」 …… 014

2 おみやげは、一期一会 …… 040

3 「旅先の空気」をそっとしのばせる方法 …… 066

4 「おみやげ詰め合わせ」を作ろう …… 096

5 地元の「スーパーマーケット」に行こう …… 114

6 上手に買って上手に持ち帰るコツ …… 142

7 おみやげの思い出 …… 164

8 誰かを思い浮かべる時間 …… 184

おわりに …… 220

おみやげガイド …… 238

※本書の情報は、2016年12月1日時点のものです。
※本書の価格表記は、基本的に本体価格（税別）です。

装丁	轟田昭彦＋坪井朋子
写真	野中弥真人
校閲	乙部美帆、鷗来堂
編集協力	森本裕美
	三浦万紀子
	西嶋千秋、蓮見美帆、山崎美和（サンマーク出版）
編集	桑島暁子（サンマーク出版）

北海道
の
かわいい
おみやげ

食感と味をとりどりに楽しめるクッキー

ロシアケーキ

ケーキという名がついているけれど、中身はちょっと大きめのクッキー。サクッと軽い口当たりの「マカロン」、シナモン風味がきいている「クラム」、アーモンドスライスをのせて焼き上げた少しかための「クロワッサン」、ココナッツ・砂糖・卵を使用した香ばしい「ココナッツ」の4種類。おみやげで渡すと「箱をとっておきたい」と必ず言われる。ほかのお菓子も素敵なのでお店へぜひ。

●8個入り／本体978円　●千秋庵製菓（せんしゅうあん）

北海道

札幌の老舗（しにせ）お菓子屋さん

箱を開けてびっくり

北海道

これはマッチ？
本物のクッキーはどれ!?

幸せを灯す　マッチ棒クッキー

本物のマッチ箱に入った、マッチ棒にそっくりなクッキー。マッチ箱を集めている私に友人がプレゼントしてくれたのが出会い。マッチの灯りや香りまで感じとれそうなほど繊細で、かわいらしくて、まるでミニチュアアートのよう。箱から出ているのが本物で、箱に入っているのがクッキー。一見しただけでは見分けがつかないほど。味はプレーンとブラックココアの2種類。

●5本入り／本体400円　●十勝菓子工房 菓音(かのん)

ゆっくり流れる贅沢(ぜいたく)な時間を贈って

ドリップパック珈琲(コーヒー)

北国・札幌には素敵なコーヒー屋さんが多い。石田珈琲店は素朴なレンガ造りの建物で、コーヒー豆の販売ブースには自家焙煎のコーヒー豆が常時10種類ほど並んでいる。かぐわしい香りとともに、ゆっくりした時の流れを味わえる素敵なお店だ。そんな贅沢なひと時を体感できるのが、このドリップパック。豆のネーミングも「寺町浪漫(てらまちろまん)」や「愛人(アイジン)」などユニーク。

●8袋入り／本体1,100円 ●石田珈琲店

北海道

コーヒー好きの
あの人に

012

北海道の大自然が目に浮かぶよう

お花のクッキー　はなこ

以前おみやげでいただいて感動したお花のクッキー。北海道の大自然の中で大切に育てられた食用のお花が、クッキーとタルトの中間のようなサクッとした生地にのっている。手のひらサイズのかわいいたたずまいを見ていると、澄んだ青空や広い草原、太陽に向かって伸びる花など、北海道の美しい自然が目に浮かぶ。とても北海道らしいおみやげ。

●12枚入り／本体2,000円　●洋菓子アリス

10種類の食用花

コラム 1

おみやげのルーツは 「伊勢神宮」

おみやげは「お土産」と書くけれど、もとは「宮笥」だったという。「宮笥」とは、神社でもらう御札を張る板のこと。これが、今日のおみやげのルーツだといわれている。

江戸時代、村人たちは「お伊勢参り」をするための資金を、「ご近所貯金」として協同で貯めていた。当時は、伊勢神宮への参拝旅行にはお金がかかるため、一般人には難しいことだった。

だから、村人みなで積み立てをして、お金が貯まると、「代表者」が順にお参りに行き、自分とみんなの分の祈願をしていた。

お伊勢参りをして来た人は、「みんなの貯めたお金で行ってくることができました」ということの証明やお礼として、現地で「宮笥」を購入し、みんなに配った。

そしてしだいに、伊勢神宮のまわりには、参拝者目当てに特産物を売るお店が登場し、「旅先で買ったものを配る」というおみやげ文化が築かれていったという。

たくさんの人の願いや、助け合いの心で生まれたのが「おみやげ」なのだ。

014

東北地方の
かわいい
おみやげ

昔の人のバナナへの憧れが伝わってくる

バナナ最中

昭和のはじめ、バナナが貴重な果物だったころに、お店の主人が初めて食べた感動を再現して作ったお菓子がこの「バナナ最中」。最中自体に刻まれた「バナナ」の文字や、包装紙やしおりに描かれたとてもリアルなバナナの絵を見ていると、ご主人のバナナに対する強い思いが伝わってくる。サイズは手のひら程度で、まるで赤ちゃんバナナ。

●6個入り／本体788円　●旭松堂

乙女心がゆれ動くレトロなラベル

ジャム3個入れ

いちごジャム（650円）、りんごジャム（600円）、りんごスライスジャム（600円）を好きに組み合わせて、箱入りの3個セットにできる。どれも果肉感があって、果物そのものを食べているようなおいしさ。パンにつけたり料理に加えたり、いろいろ楽しめる。レトロで懐かしいラベルも愛らしい。特に「りんごジャム」に描かれている、もんぺ姿のおばあちゃんがチャーミング。

● 3個入り（370g×3缶）／本体1,800円〜1,950円　●青森リンゴ加工

懐かしのデザイン

『家出のすすめ』初版本と同じデザイン

家出のするめ

青森県出身の詩人・寺山修司さんの代表作『家出のすすめ』をもじった、さきイカ。青森県三沢市でとれる新鮮なイカに、青森で人気の焼き肉のたれ「スタミナ源たれ」で味つけ。パッケージを手掛けたのは林静一さんで、『家出のすすめ』角川文庫初版カバーと同じイラスト。林さんの抒情的なイラストと、ダジャレのギャップがユニーク。おやつにも、おつまみにも。

●55g／本体333円　●三沢市寺山修司記念館

ダジャレ好きのあの人に

青森

018

太宰治の『津軽』初版本をイメージ

津輕(つがる)

2009年に太宰治の生誕100年を記念して作られたお菓子。パッケージは、昭和19年出版の『津軽』の初版本をイメージしている。中身は、青森県産のリンゴを使った「アップルファイバー」入りの素朴なクッキー。ちなみに、写真右上にあるしおり風の黒いショップカードには「これは、食べる小説です。」と書かれている。作品の世界観が細部にまで投影されていて、太宰ファンはもちろん、どんな人にも驚きと喜びで迎えられるおみやげ。

●18枚入り／本体953円、9枚入り／本体477円 ●ラグノオささき

秋田の四季が描かれた粋なデザイン

リキッドアイスコーヒー

コーヒーのパッケージには、全面に秋田の四季が描かれている。4本並べれば1枚の絵のようになる粋なデザイン。こんなにかわいいアイスコーヒーを作り出す店主は、なんと元ラガーマン。選手時代の背番号が「08」だったのが店名の由来だそう。08COFFEEの豆は、世界各国から厳選し、1年以内に収穫された新豆なので新鮮でおいしい。
●1,000ml／本体760円　● 08 COFFEE

絵は
福田利之さん

お姫様気分を味わえる新感覚のラスク

クロワッサンラスク ラフィネ

クロワッサンを半分に切ってラスクに仕上げた愛らしいお菓子。「CAFE OHZAN」は築120年の古民家をそのまま生かした洋館で、明治モダンの雰囲気があふれる素敵なお店（営業は不定期のため、営業時間は要問い合わせ）。アリスのティーパーティに招かれたようなメルヘンチックな見た目と味にときめく。
●3個入り／本体1,150円 ●櫻山（おうざん）

ほかにも種類がいろいろ

おまけのつまようじが愛らしい

千秋苑(せんしゅうえん)

市内を一望できる天守閣跡「千秋公園」の石垣に見立てた、くるみ入りのお餅。細かくカットされたお餅には、きな粉がまぶしてあって、ムチッとした食感とともに甘さが広がる。味のおいしさはもちろんのこと、私がおすすめする理由は、こけしのつまようじがついていること。以前、大勢の中でおみやげとして配られたときは、このつまようじが取り合いになったほど!

●化粧箱入り(10個)／本体1,435円 ●お菓子のくらた

ようじの袋は着物風

秋田県・大館市はハチ公のふるさと！

ハチ公サブレ

忠犬ハチ公のモデルは秋田犬なので、秋田には犬のお菓子が多い。このサブレも、友人から秋田みやげでもらい、丸っこくて愛らしいハチ公に一瞬で心を奪われた思い出の品。バターの風味が豊かな手のひらサイズで、食感はさっくり。包装紙に描かれた、つぶらな瞳のハチ公もたまらなく愛らしい。

●箱入り（12枚）／本体1,048円 ●大鳳堂(たいほうどう)

素朴でヘルシー、ロシア風ビスケット

ロシア・ビスケット

戦時中、当時の工場長がロシアに抑留されたとき、ロシア人に教わったレシピをもとに作られたというビスケット。お店の建物も明治末期の土蔵が使われ、歴史を感じる。味は、レーズン&クルミ、クルミ、玄米ごまの3種。岩手県産の強力粉を使った生地は密度がぎっしりで、お店の方が「すごーく硬いですよ！」と言うほど。かめばかむほど素朴な甘さが口の中に広がる。

●5枚入り／本体571円 ●盛岡正(せいしょく)食普及会

復興支援に感謝を込めて「Ça va ?」

国産サバのオリーブオイル漬け　サヴァ缶

「Ça va ?」はフランス語で「元気?」の意味。東日本大震災で支援をしてくれた人たちに向けて「おかげさまで私たちは元気です。みなさんもこれを食べて元気を出して!」というメッセージが込められているそう。国産サバをオリーブオイル漬けにしたあっさりとした味で、料理の幅が広がる。さわやかな味わいの「レモンバジル味」(380円)も人気。
●170g／本体360円　●岩手県産株式会社

デザインも秀逸

むにっとした
不思議な食感

しっとりやわらか！ ずんだ餡入り生サブレ

生南部サブレ　ずんだ

しっとりとした「ぬれせんべい」を開発中に偶然できたという生のサブレ。岩手のおみやげといえば南部せんべいが有名だけど、受け取る人も新鮮で驚きのある生サブレもおすすめ。一般的なおせんべいサイズの、しっとりやわらかいサブレ風の生地に、甘さひかえめのずんだ餡がたっぷり。ずんだも東北ならではだから、おみやげらしさが高まる。

●6枚入り／本体600円　●南部せんべい乃 巖手屋

修道女たちが残したやさしい味

盛岡ドミニカン修道院　ガレット

1936年、盛岡へやってきたベルギーの修道女6人が祈りのかたわらガレットを焼き始め、ドミニカンクッキーとして盛岡の銘菓に。2005年に惜しまれながら修道院での製造を終了することになったものの、地元の人々の「盛岡のやさしい味を残したい」という思いを受けて復刻したのがこのガレット。パリッと軽い食感と、ほんのりやさしい甘さに手が止まらない。
●2枚包×36個／2,160円（税込）●パルクアベニュー・カワトク

岩手

箱の中にぎっしり

「山形」なのに「オランダ」!?

ギフトBOXオランダちゃん

山形県庄内産のうるち米を100%使用した、うすやきせんべい。おやつにも、ちょっとしたおつまみにもなる。なぜ山形なのにオランダなのか。山形県庄内地方では「私たち」のことを「おらだ」と言い、「私たち（おらだ）が丹誠込めて作りました」という意味を込めて「オランダせんべい」と名づけられた。女の子のキャラクターは"オランダちゃん"として親しまれる。

●2枚×20袋／本体800円 ●酒田米菓

不定期販売＆数量限定で貴重！

おやつちけっと

「チケット」という発想に脱帽。1袋がひと口サイズのビスケット5連になっていて、パキッと割って食べる方式。ほかにはないお菓子だから、たくさんの人に配りたくなる特別なおやつ。作っているのは個人の女性で、器やカトラリーを製作するかたわら、体にやさしいものだけを使ってお菓子にも取り組んでいるそう。味は自然な甘さのプレーンのほか、ジンジャー、抹茶など。

●5枚つづり1袋／本体240円　●カワチ製菓

しっかりの歯ごたえ

山形

素朴なおいしさを持ち帰るよろこび

アップルパイ

アップルパイに目のない私。最初に惹かれたのは袋に描かれた素朴な絵。このボーダー少年の愛嬌のある姿。お店自体もとても素朴で、ご近所さんのような温かみにあふれている。アップルパイに使われているりんごは、地元の契約農家から厳選して仕入れた紅玉。香りが豊かで甘さと酸っぱさのバランスも絶妙。5〜6日はもつから、おみやげとしても渡しやすい。

●1個／本体185円 ●老舗 西谷

おもちゃ入りの元祖・食玩

まるやま　からからせんべい

山形県庄内地方に江戸時代から伝わる郷土駄菓子。黒糖味の手のひらサイズのせんべいを割ると、中から小さな玩具が登場。打ち出の小槌や将棋のコマ、米俵、お茶碗、獅子舞など、予測不能なおもちゃに驚き。以前、100人ほど集まったときにみんなで開けたら大盛り上がり。大人も童心に返る夢のあるお菓子だから、みんなで食べたら絶対楽しい！

●10個入り／本体1,800円　●宇佐美煎餅店

冬のみの
限定品

美しく繊細な仙台銘菓

冬季限定　霜ばしら

仙台出身の友人のおみやげで「こんなに美しいお菓子があるとは」と感動したお菓子。白い粉はらくがん粉で、主役の飴を湿気や破損から守る脇役。霜ばしらに見立てた四角い飴は、水飴、砂糖、もち米、でんぷんで作られていて、口に入れると雪がふわっと溶けるように繊細に姿を消す。冬の仙台が楽しみになる、10月〜4月までの季節限定商品。

●40g／本体1,700円　●九重本舗 玉澤

日本古来の
材料を使った駄菓子

かご盛り

黒糖、きな粉、もち米、豆、ごまなど、日本古来の材料を使って、様々な形や味を表現した駄菓子。特に、串に刺さった赤い飴は、転んでも起き上がることから縁起がいいとされているだるまの形。江戸時代から伝わる作り方を手本に、今も手作りをしている。かごに盛られているのも風情があって素敵。奥の赤い箱は「ちゃっこ玉手箱」(21個入り・税込2,000円)。
●13個入り／1,080円（税込）
●仙台駄がし本舗　日立家

お茶がすすむ

こけしは
おみやげのルーツ！

純米原酒　鳴子(なるこ)こけし

鳴子の「こけし祭り」へ行ったときに発見。実は「こけし」は、おみやげのルーツとも言われている。東北地方の温泉地で、湯治(とうじ)に訪れたお客たちに販売されたのがはじまり。私はあまりお酒に詳しくないので、アルコール類はラベルをすることが多い。これはおちょこつきで、おちょこにもこけしが描かれているところが素晴らしい。こけし好きにはたまらない。
- 180ml／本体1,143円
- 田中酒造店大崎蔵

珍しい陶器の瓶

地元で長く愛されるせんべい菓子

パパ好み

9種類のあられと、アジ、エビ、ピーナッツをミックスしたお菓子。昭和35年の発売当時は、外来語を使う風習がなかったため「パパ」というネーミングは斬新だったそう。地元では子供から大人まで家族中に親しまれている。現在も流れるCMの歌詞「おいしいおやつ〜パパごのみ♪」を歌える人も多い。天皇皇后両陛下が宮城を訪れた際、おみやげとしても選ばれた銘菓。

●36g×8袋入り／本体800円 ●松倉

宮城

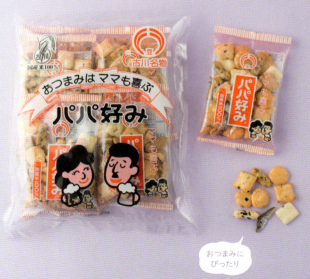

おつまみにぴったり

幸福の
おすそわけ

「幸福をはさむ」ハサミつきのクッキー

あいづじょっこ

「じょっこ」とは、会津弁で「かわいい女の子」の意味。アーモンドの香ばしさが広がる、サクッと軽いクッキー。イラストは、こけし工人の井上ゆき子さんによるもの。こけし好きの友人からもらって以来、私もいろいろな人におみやげとして渡すように。おまけでついてくる小さなハサミには「幸福をはさむ」という意味が込められているそう。そんな心遣いがうれしい。

●10枚入り／本体1,000円 ●会津路菓子処 白虎堂

地元で評判の濃厚ヨーグルト

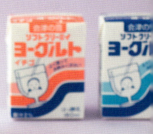

生乳のおいしさが生きた濃厚な味わい

べこの乳発　会津の雪

会津産の良質な生乳を使ったヨーグルト（無糖・加糖）。搾りたての風味が生きたこってり味で、東北の素朴さが表れたパッケージも好き。友人におみやげで渡したら、あまりのおいしさに大感激！　瓶は小さな花を挿して花瓶として愛用しているそう。昔ながらの製法で作られた「飲みにくいほど濃厚」な飲むヨーグルト、ソフトクリーミィヨーグルト（120円）も人気。こちらはプレーンとイチゴの2種類。
●120ml／本体160円　●会津中央乳業

東北の「お茶っこ」文化を体感

太陽堂のむぎせんべい

福島へ「こけしの旅」へ出かけた際に遭遇。昭和2年の創業以来、むぎせんべいひと筋で製造を続けているそう。小麦や落花生など材料がシンプルで味も素朴。ちょっと大きめのおせんべいは、パリッとしたかみごたえとともに、ほのかな甘さと香ばしさが広がって、お茶が進む。東北では「お茶っこ」といってお茶をふるまう文化があり、そんな地元の習わしも感じられる。
●筒箱入り（12枚）／本体500円　●太陽堂むぎせんべい本舗

お茶うけにぴったり

038

これはうさぎ

福島

あの時代のパンが当時の金型で復活

滋養パンセット

明治～大正時代に、子どもたちのために作られた卵や蜂蜜入りのパンを、当時の金型で復活。食感は「クッキーとパンの中間」で、かめばかむほど甘みが出る。牛乳と一緒に食べれば栄養満点。形は、子どもたちが好きな、うさぎ（黒糖味）、お相撲さん（みそ味）、グローブ（ごま味）のほか、「JIYOPAN」と書かれたプレーンの4種。手のひらサイズで小腹を満たすのにぴったり。

●4個入り／本体593円 ●長門屋本店

コラム **2**

おみやげは、一期一会

まわりの人がびっくりするくらい、数多くのおみやげを購入する私。たとえば、初めて行く場所に2泊3日の旅をするとしたら、買い物の数は平均して30点ほど。

今まで「後で買おう」と思って何度後悔したことか。お店に再び戻ったときにはすでに売り切れていたり、ほかの店にもあるだろうと気楽に考えていたら見あたらなかったり。がっくり肩を落とした経験から、今は「気になったものはその場で買う」と決めている。

おみやげとの出会いは、一期一会。

知人にいただいたおみやげもしかり。忘れぬよう記録している。いつ、誰に、何をもらって、そのとき自分はどういう気持ちになったのか。以前は、「おみやげノート」を作りメモしていたが、今は写真も残せるインスタグラムが便利で多用。

専用のノートを作らずとも、手帳のすみに「おいしかったもの」や「今度買いたいもの」を書き出すだけでも心楽しい。

一期一会を大切に。それこそ、おみやげと仲よくなる近道ではないか。

040

北陸・甲信
地　方
の
かわいい
おみやげ

新潟が誇る日本酒をワンカップで

雪男　純米酒

雪男の絵に惹かれて購入し、帰りの電車でぐびっと飲み干しお気に入りに。米の旨味がありつつ、後味はキリッとシャープ。カップは家でグラスとして愛用。製造元の青木酒造は魚沼市でも特に上質な水が流れる塩沢地区にあり、約300年の歴史がある。ワンカップは日本酒好きの人に喜ばれるので、おみやげにぴったり。新潟でしか買えず、取り寄せもできないので貴重！

●180ml ／本体350円 ●青木酒造

新潟県でしか買えない

牛乳&卵を使わずに作れるパンケーキ

マリールゥのパンケーキミックス

もともと、マクロビオティックのごはんを味わえるカフェが作っているので、素材へのこだわりはひとしお。豆乳と少しの油だけで作れるので牛乳や卵のアレルギーがある子どもでもおいしく食べられる。オーナーは私の親友で、私が「小さいころ、日曜日の朝ごはんによくホットケーキを焼いてもらった」と話す姿を見て「みんなに幸せな風景を提供したい」と、この商品を作ったそう。

●300g／本体600円 ●marilou

まとめ買いする人も多い

新潟

ほのぼのしたツバメのロゴがかわいい

ドリップパック　ツバメブレンド、イヌワシブレンド

新潟県の燕市にある「ツバメコーヒー」のドリップパック。ツバメをモチーフにしたロゴは、新潟県出身のイラストレーター大塚いちおさんによるもので、お店の看板やコースターにもあしらわれている。自然焙煎のコーヒー豆から作られるドリップパックは、やわらかな甘味とすっきりした酸味の中煎り「ツバメブレンド」と、ほろ苦さが心地いい「イヌワシブレンド」の2種類。

●1袋／本体180円　●ツバメコーヒー

> 燕市に行ったらぜひ寄りたい

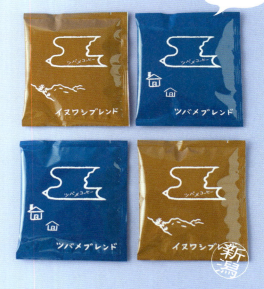

新潟県の新鮮な生乳を使った牛乳寒天

スワ ミルクヨーカン

子どものころ、母によく牛乳寒天を作ってもらった。これを食べるとその懐かしくて温かい思いがよみがえる。原材料は、地元の新鮮な生乳90％と、砂糖、寒天のみ。とぅるんとした食感で、するする喉を通り、しみじみおいしい。牛乳パック型のほうは、そのままスプーンで豪快に食べてもいいし、パックを切り開いて中身をカットすれば家族みんなで分けられる。

●100g／約103円（税込）、500g／約309円（税込）●諏訪乳業

地元で人気のご当地おやつ

砕けた氷の美しさを現代風に表現
T五(ティーゴ)

富山の米を使った薄いせんべいに、独自の製法で和三盆を刷毛塗りしたお菓子を「薄氷」と言う。1752年の冬、5代目当主が偶然に水たまりの薄氷を踏み割った際に、砕けた氷の美しさを表現したのがはじまりだそう。この「T五」は、そんな薄氷を現代風にアレンジしたもの。「T」はTONE（色合い）とTASTE（味わい）を指し、桜（塩味）、抹茶（苦味）、ゆず（酸味）、胡麻（滋味）、和三盆（甘味）の五味五食を目と舌で味わえる。

●5枚入り／本体700円 ●薄氷本舗五郎丸屋(うすごおりほんぽごろうまるや)

感度の高い女友だちに

富山

（コンフィチュールもおすすめ）

りんごの香りが
グラスいっぱいに
広がる！

SAYSFARM CIDRE
（セイズファーム シードル）

富山県産の「ふじ」を100%使い、ブルターニュ地方の製法にならって作った、ちょっと辛口の発泡酒。第1次発酵に約2か月半、第2次発酵に3か月以上を費やしてようやくできあがる味は、奥行きのある華やかなりんごの香りと、くせのない酸味が絶妙。シードルだから誰でも飲みやすいし、大きいサイズの1,500ml（3,800円）もあるので、贈る相手や用途に合わせて選びやすい。

- 750ml／本体1,667円
- SAYSFARM（セイズファーム）

047

見た目の
インパクトも
たっぷり

富山のお慶びの席に欠かせない！

細工かまぼこ

「かわいい！」と贈れば必ず喜ばれる細工かまぼこ。富山のお慶びの席で「幸せを分かち合いたい」との思いで配られる縁起もの。手のひらサイズのミニタコ（240円）のほか、豆鯛（760円）、スイカ（550円）、花やわらかチューリップ（550円）など、種類はいろいろあるので選ぶ楽しみも。10文字まで好きな文字を入れられる名入れかまぼこ（1,100円）も。

● 各200g程度／本体240円〜1,100円
● 梅かま

宝物が詰まった大人も愉しめるラムネ

高岡ラムネ　宝尽くし

米俵、打ち出の小槌、鯛、梅、隠れ蓑、七宝などの宝物をかたどった、らくがんのようなラムネ。天保9年創業の大野屋が170年に及ぶ和菓子作りの中で愛用してきた木型と、職人の技、富山県産のコシヒカリなどが融合して誕生した。指先ほどの大きさのラムネは、食感がふんわり軽く、雪のように繊細に溶ける。ハガキ大の袋なので、気軽なおみやげとしてまとめ買いできる。
●10個入り／本体500円　●大野屋

日常に彩りを添えるおいしいお茶

加賀いろはテトラシリーズ

茶葉を包んだポリエステル素材のテトラ（四面体）を、1分間お湯で浸出させるだけで、お茶本来の渋味・旨味・芳香を手軽に楽しめるティーバッグ。「いろは」とは、物事の順序のこと。何気ない毎日を彩るいろはとして、いつでもおいしいお茶を飲んでほしいという思いが込められている。菫(すみれ)（棒茶）、梅（ほうじ茶）、蝶（玄米茶）、松（煎茶）の4袋セット。
- ●詰め合わせ（6個入り×4袋）／本体1,500円
- ●丸八製茶場

パッケージは KUTANISEAL デザイン

洗練された
和菓子屋さん

雨の多い金沢で生まれたどらやき

お天気どらやき

モダンで、デザイン性の高いお菓子をたくさん作っている「茶菓工房たろう」のどらやき。袋には「弁当忘れても傘忘れるな。」の文字。これは、天気がころころ変わる金沢で、古くから言われてきたことわざだそう。どらやきにも素朴な傘マークが描かれていてかわいらしい。地元コシヒカリの粉と餅粉で焼いた皮はもちもちで、あっさりとした粒餡(つぶあん)と相性抜群。こっくりやさしい味わい。

●10個入り／本体1,500円 ●茶菓工房たろう

規格外の旬の野菜をピクルスに

ミックス

「おいしさや品質は同じなのに、捨てられるのはもったいない」と、金沢近辺の規格外の野菜を積極的に使って作られたピクルス。そんな考え方に共感。見た目も彩り豊かで美しく、もちろんおいしい。定番のミックスのほか、旬の野菜を使った季節のピクルスの種類も豊富。おつまみにもなるので、お酒好きの方や、野菜好きの女性へのおみやげにおすすめ。

●290g／本体650円 ●金沢のピクルス

肉や魚、野菜、きのこなど何にでも合う

とり野菜みそ

江戸時代に、北前船の廻船問屋を営んでいた初代当主が、過酷な航海を乗り切るために考案したみそがルーツ。昭和34年に商品化。味わい深い風味とコクがあり、肉や魚、季節の野菜やきのこなど何にでも合う飽きのこない味。献立に迷ったときや疲れている日も、簡単に栄養満点の食事を作れて便利。地元が石川の人からいただいて以来、まとめ買いして友人におすそわけするように。

●200g／本体290円 ●まつや

メガネが似合う
あの人に

とってもかたいから気をつけて

めがねかたパン
眼鏡堅麺麭

福井といえば眼鏡ということで「眼鏡堅麺麭」。眼鏡"型"ではなくて"堅"なほどとても堅い。堅パンは、太平洋戦争中に兵隊さん用の保存食として作られたもので、こちらは、当時から堅パンを軍に納めていた老舗のパン屋「ヨーロッパンキムラヤ」と「越前夢工房」のコラボレートで生まれた眼鏡の形の堅パン。ごまの風味をきかせた生地はどこか懐かしい味わい。とにかくかたいので心して食べて。

●7個入り／本体800円 ●越前夢工房

磯の香りが漂う、福井県名産特産品

もみわかめ 小瓶

福井県の東尋坊(とうじんぼう)近海の天然わかめを天日で乾燥させ、食べやすい大きさに手でもみほぐした「もみわかめ」。温かいごはんにふりかけるのはもちろん、おにぎりにしたり、やきそばやお好み焼き、豆腐、納豆、チーズなどにふりかけて食べてもおいしい。生卵ごはんにかけるのも人気。食卓用の小瓶のほか、なんと一升瓶サイズもある。密閉性が高いのでおいしさが長く続く。
●32g／本体1,100円 ●波屋

福井

おやつ感覚で
そのまま
食べても

メロンソーダのような懐かしい味

ローヤルさわやかメロン

福井では当たり前のように飲まれているご当地ドリンク。かき氷シロップのような鮮やかさにドキッとするけれど、味はメロンソーダのよう。ごくっと飲むとシュワシュワッと炭酸が心地よく弾けて喉越しさわやか。そして、どこか懐かしい甘さが広がる。アイスクリームをのせたり、焼酎を入れてメロンチューハイにしたり、子どもも大人も楽しめる。330mlの瓶入り（約200円）もある。
●350ml／オープン価格（約120円）●北陸ローヤルボトリング協業組合

温かいごはんにかければ、箸が止まらない

味付たら

パッケージに惹かれて購入。北海道オホーツク海産の新鮮なたらを使用した、乾燥たら。かつおぶしのようにふわふわで軽く、味はやや濃いめ。塩気と甘味のバランスがちょうどよく、ごはんのおともにぴったり。あぶって食べてもおいしい。人工甘味料や着色料、合成保存料などは一切使用されておらず、賞味期限は約40日と長いので、贈る相手を急かさないところもいい。

●85g／本体462円 ●早﨑商店

おつまみにもぴったり！

ロマンチックな
エピソード

食べると幸せになれる伝説が

白鳥の湖

昔、スペインの修道院で考案された「ポルボローネス」という幸福のクッキー。「開運堂あづみのインター店」近くの犀川に、毎年シベリアの白鳥が飛来することから、優雅で幸福そうな白鳥をデザイン。ひと口サイズのクッキーは、和菓子のらくがんのような食感で、ほろほろと崩れるほど繊細。「これを食べると幸せになれる」と言われるので、そんな言い伝えを添えて贈りたい。
●18枚入り／本体1,065円 ●開運堂本店

子どももお年寄りもみんな大好きな味

オブセ牛乳焼きドーナツ

半世紀以上愛されている地元の牛乳屋さん「オブセ牛乳」のみで生地を練り上げ、こんがり焼いたドーナツ。本当は「オブセ牛乳」をおみやげにしたいところだけど、要冷蔵の牛乳は扱いがむずかしい。そこで、手軽に持ち運べる、オブセ牛乳を使ったお菓子を。牛乳の風味とやさしい甘さが味わえる。手のひらより少し小さいくらいの大きさだから、パクパク食べられる。

●170g／本体330円 ●マルイチ産商

長野

トースターで温めてもおいしい

ゆるキャラのような「ミミー」が人気

ミミーサブレ

松本に行くと必ず立ち寄る「翁堂(おきなどう)」は、喫茶店も併設している老舗。そこで40年以上愛されているサブレが「ミミー」。名前からするとみみずくのようだけど、実はご主人が昔飼っていたオウムで、名前は「タロー」だったそう。市民の方の愛称募集で「ミミー」になったとか。バターの風味が豊かでおいしいから、誰にでも安心して渡せる。サブレの大きさは約11.5cm。

●5枚入り／本体375円 ●翁堂

野沢菜の風味が生きた万能ふりかけ

野沢菜茶漬

以前、おみやげでいただいて大活躍した野沢菜茶漬。野沢菜のおいしい時期は冬の数か月だけど、これはフリーズドライされているので四季を通していつでも信州の名産を楽しめる。ふりかけ、お茶漬けとしてはもちろん、お吸い物としても活躍。化粧箱の大きさは約25cm。7袋入っていて、1袋でおむすび約2個分。お弁当を作る人には必ず喜ばれるうれしい実用品。
●化粧箱（4g×7袋入り）／本体350円、手提げ箱（75g）／本体730円
●おむすびころりん本舗

詩的な気持ちになれる繊細なお菓子

月の雫(しずく)

甲州ぶどうを、砂糖と水を練った「すりみつ」で覆ったお菓子。「月の雫」というネーミングが詩的で、誕生秘話もロマンティック。江戸時代に菓子職人が蜜を作っているとき、偶然ぶどうが1粒落ちて蜜に混ざり、しばらくしたらこのような形になっていたそう。口に入れると白い衣がシャリッと崩れて、中からぶどうの果汁があふれ出す。甲州ぶどうを使った季節の限定の商品。

●18個入り／本体1,100円 ●桔梗屋(ききょうや)

シャリッとびっくりの食感！

山梨

富士山麓で作られたクッキー

末広がりの富士山は縁起ものとしても

フジヤマクッキー

富士山の麓にあるお店で、1枚1枚丁寧に焼き上げられているクッキー。単に富士山をかたどっているだけではなく、クッキー表面に細かい凹凸を施すことで、リアルな山の質感を表現するというこだわりよう。生地はバニラ、紅茶、ストロベリー、抹茶、ショコラの5種類があり、雪を表現したホワイトチョコレートがけや、アーモンドなどのトッピングも選択できる。

●5個入り（ホワイトチョコ）／750円（税込）●FUJIYAMA COOKIE

ふかふかの口あたりの「富士山」

ふじフォン

シフォンケーキ専門店が、地元の食材にこだわって作っている富士山形のシフォンケーキ。パウダーシュガーで雪をイメージしており、"山頂"は空洞になっている。ちょっとしたパーティーや、大人数で集まる場所へ持っていくと華やか。サイズは全部で5種類あり、これは「大」で、高さ10×直径18cmで7〜8人分。最大22〜24人分の大きさもあるから、贈る相手に合わせて選びやすい。

●**本体1,100円** ●シフォン富士

山梨

日本ギフト大賞受賞

064

スパイスのきいた本格的なカレー

イトリキカレー

地酒屋「糸力」のご主人がカレー作りに凝り、常連さんにふるまっていたところ、たまたま釣りで近くを訪れていた糸井重里さんが味に惚れ込んで商品化が実現。楽しいイラストは糸井さん、デザインは祖父江慎さん。しょうゆ＆トマトベースの「ビーフ」のほか、ポーク入りの「ココナツ」、玉ねぎの甘味が生きた「インド」の全3種。スパイシーでちょい辛、大人が大満足の本格的な味わい。

●200g×3袋／本体1,500円　●糸力

> 居酒屋レベルを超越した絶品

山梨

コラム 3

「旅先の空気」を
そっとしのばせる方法

おみやげを手渡すとき、できるだけ「旅先の空気」をさりげなくしのばせる。

たとえば、ラッピング。おみやげをそのまま渡してもいいけれど、瓶ものなどは、持ち帰った現地の新聞や美術館のチラシでさっと包む。地元のニュースが載った新聞は見て楽しく、食品などとまた違う、お金で買えない価値がある。

それから、ちょっとした手紙を添えることも。そのおみやげを、どうやって探したか。いつ、どこで、誰が、どんな思いで作ったのか。ささやかなこ

とでも、背景にある物語を知ると、目の前のものがぐっと愛おしくなる。どんなふうに食べるといいか、伝えるのも忘れずに。「お店のおばちゃんが、冷やして食べるとおいしいと言っていました」「賞味期限が短いから、早めに食べてね」など、あらたまった手紙ではなくて、ほんのひと言でも。

ショップカードや商品のしおりがあれば、それを一緒に渡すと、なお喜ばれる。

そうやって、おみやげという物だけでなく、そのまわりの物語までも届け、喜びを分かち合えたらと思う。

関東地方
の
かわいい
おみやげ

文豪たちに愛された「神谷バー」のワイン

ハチブドー酒（赤・白）

文豪たちに愛されてきた、東京・浅草の「神谷バー」で見つけたワイン。神谷バーの創業者・神谷傳兵衛が開設した日本初の本格ワイン醸造場「シャトーカミヤ」が茨城にあり、そこでも購入可能。蜂蜜入りの甘いワインで、女性もカクテル感覚で楽しめる。お手頃価格なのもうれしい。冷やしてストレートでも、ロックやソーダ割りでも。
●各550ml／各本体557円 ●シャトーカミヤ

群を抜く「素朴感」が味わい深い

茨城干いも　白鳥の雪ん子

さつまいもの収穫量が全国第2位の茨城には、干しいものお菓子があれこれ。こちらは、さつまいもの栽培から加工、販売まで一貫して行う創立34年の組合が作るお菓子で、素朴なパッケージがチャーミング。頬を赤らめた「雪ん子」に、ほっと安らぐ。健康志向の女性へのおみやげにおすすめ。

●130g／本体300円　●農事組合法人白鳥干いも生産組合

ふっくら焼きいものよう

茨城県の有名コーヒーチェーン発

アイスコーヒーとアイスティーのセット

映画館から始まり、茨城県をメインに13店舗をかまえる有名コーヒー店「サザコーヒー」による2本。左のアイスコーヒーは、ひたちなか市の本店と同じネルドリップの技術を使って、コーヒー本来の香りとコクがしっかり感じられる本格的な味。コーヒーを追求するうちにおいしい紅茶もできたというアイスティーは、香り高く濃厚。美しい存在感を放つ。
●アイスコーヒー（無糖）・アイスティー（無糖）ともに1,000ml／本体1,204円 ●サザコーヒー

クラシックを聴いて育った上質な納豆

舟納豆 詰合せ

近くを流れる久慈川の渡し船をヒントに作られた、舟の形が愛らしい。舟の素材は、松やヒノキなどの材木を薄く削ったもので、納豆のニオイを抑え、木の香りで包み込む。小粒の納豆は粘り気が強く、良質な大豆本来の味が生き、ごはんが進む。手作りにこだわり、なんとクラシック音楽を聴かせながら発酵させているそう!
●90g×10個／本体1,450円 ●丸真食品

「高級納豆」の上品なおいしさ

茨城

憧れの
クラシック
ホテルで

日本最古のホテルで愛される伝統の味

金谷ホテルクッキース

明治6年に開業した日本最古のクラシックリゾート「金谷ホテル」の開業140周年を記念して作られたクッキー。バニラ、コーヒー、紅茶味のクッキーが5枚ずつ入っている。さっくりした歯ざわりと飽きのこないシンプルな味わいは誰に贈っても安心。金谷ホテルのマーク「ササリンドウ」が描かれたこの缶以外にも、様々なデザインの缶や箱がある。

●15枚入り／本体1,050円　●金谷ホテルベーカリー

日光のおみやげの「三猿」

日光人形焼

「見ざる・言わざる・聞かざる」の三猿のほか、日光東照宮や椿などを模した人形焼き。なんと、美大で彫刻を勉強していたご主人が原型を作ったそう。北海道産の小麦粉や地元のブランド卵「磨宝卵(まほうらん)」、尾瀬の蜂蜜などを使用した生地は、やわらかいうえに弾力もあり、しっとりとした口当たり。さっぱりとした甘さの餡(あん)を絶妙に包み込み、やさしく口の中に広がる。
- 7個入り／本体1,203円
- 日光人形焼みしまや

男性にも大好評

栃木

知る人ぞ知る那須高原の銘菓!

トラピストガレット

那須高原の山の中にある那須トラピスト修道院で、修道女さんたちが手作りしているガレット。ベルギーワッフルのような形に、クッキーのようなサクッとした食感でバターの風味が豊か。もともとフランス菓子ながら、作り方を教えてくれたのがベルギー人の神父だったため、ベルギーワッフルに似た形になったそう。子どものころ、栃木の知人によくもらった思い出のお菓子。
●12袋入り／本体1,200円 ●シトー会那須の聖母修道院

ベルギーワッフルの形のクッキー

特別な日に給食で出されていた贅沢品

関東・栃木レモン、関東・栃木イチゴ

60年ほど前の甘いものが貴重な時代に誕生した「関東レモン牛乳」。特別な日に給食で出される贅沢品だったそう。ほんのり甘酸っぱい香りとともに広がる甘さは、初めて飲んでも懐かしさを覚える不思議な味。「イチゴ」はとちおとめ果汁を3％使用した、まろやかな練乳風味（11〜5月限定）。栃木らしく、パッケージにも親しみが湧く。100円台で手に入るのもうれしい。
●各500ml ／各本体172円 ●栃木乳業

桐生名物の
ローカル
おやつ

梅の花をかたどった「ぱん」

花ぱん

「花ぱん」とは、群馬の桐生市周辺で親しまれている焼き菓子で、表面に砂糖蜜をまぶしたもの。形は桐生天満宮の梅紋を模している。群馬にはたくさんの花ぱんがあるけれど、私は小松屋さんのものが一番好き。生地に弾力があって、サクサクともフワフワとも違う独特の食感。バラ売りは1つ100円。定番の袋入り（12個入り・税込700円）はお得で大人気。

●箱入り（21個）／2,480円（税込）●小松屋

レモンスポンジに
レモンチョコレートをかけて

レモンケーキ

古風だけど上品な箱の中に、レモンケーキがぎっしり。レモンをイメージした個包装が、ぎゅぎゅっと詰まった姿も愛らしい。本物のレモンより少し大きめのケーキは、レモン風味のスポンジにバタークリームを塗り、レモンチョコをコーティングしたもの。しっとりやわらかい口当たりとともに、すっきりした風味が広がる。
●10個入り／本体1,806円 ●菓子工房こまつや

群馬

本物のレモンのよう

自分で餡を盛りつけるから皮がパリッ！

高崎だるま　手作最中

毎年冬に行われる「だるま市」で有名な高崎。これは、だるま形の皮に餡を自分で盛りつけて食べる手作りの最中。自分で餡をつめるから、皮がパリッとしておいしい。だるまは、転んでも起き上がる縁起のよいもの。大事な仕事を控えている人や、おめでたいことがあった人へのおみやげにぴったり。職人さん気分も味わえて、お子さんがいるご家族にも喜ばれそう。

●6個入り／本体1,200円　●微笑庵

行列ができる
お店の逸品

ひと味ちがう、こだわり美味サブレ

グーテ・デ・プリンセス

こちらのお店はラスクが有名だけど、ほかにもおいしいお菓子がたくさんで、こちらのバターたっぷりのサブレもおすすめ。ふくよかで品のよさが漂う姿は「幸せの青い鳥」をイメージ。サクッとした食感を出すため、温度や湿度に合わせて練り時間を変えて焼き上げているそう。個包装なので職場で配るおみやげとしても活躍。小腹を満たすのにちょうどいい手のひらサイズ。

●12枚入り／本体1,260円 ●ガトーフェスタ ハラダ

千葉県産落花生がたっぷり入ったバター

ピーナッツバター

千葉といえばピーナッツ。数ある商品の中でも、こちらはたたずまいが美しいうえに味も満点。素材は、千葉県産の落花生と塩、てんさい糖。シンプルだからこそ素材の味を存分に楽しめる。砂糖の量もひかえめなので、調味料としても大活躍。ヨーグルトやアイスクリームにかけたり、野菜と和えたり、お肉やお魚につけて焼いても相性ぴったり。九十九里の味をぜひ食卓に。
●Mサイズ（240g）／本体1,850円 ●HAPPY NUTS DAY

あつあつご飯にかけると箸が止まらない

漁師町の朝ごはん　海苔(のり)とかつおぶしと昆布

房州産のかつおぶし「花かつお」や千葉県産の海苔など、地元の食材をふんだんに使ったふりかけ。素材本来の旨味を生かすため、化学調味料や保存料は不使用。しょうゆをちょっとかけて、温かいごはんにのせたり、和風パスタやお好み焼きに混ぜたり、食べ方はいろいろ。私はささっとおにぎりを作りたいときに活用していて、本当に便利。誰に贈っても喜ばれる逸品。

●30g／本体550円　●永井商店

千葉

毎日の食卓で大活躍

おばあちゃんの顔が浮かぶおいしさ

玉黄金らっきょう

夏の短い間しかとれない「国産らっきょう」を塩漬けし、4か月以上自然乳酸発酵させて、さっぱりまろやかな甘酢漬けに仕上げた一品。昔おばあちゃんが作ってくれたような温かさもあり、粒が大きいから食べごたえもあって、心もおなかも満足できる。パッケージの文字や絵も味わいがあり、堂々とした風格。どっしりと重量感があり、受け取ったときの満足感もひとしお。

●500g／本体2,500円 ●コミヤ味工

国産
らっきょう漬け
専門店の味

「銚子電鉄の物語とともに手渡したい」

廃線危機を救った奇跡のせんべい

ぬれ煎餅

銚子市を走る全長わずか6.4kmの銚子電鉄が廃線の危機に陥ったとき、副業で販売していた、この「ぬれ煎餅」が爆発的に売れて危機を免れたそう。箱の中には奇跡の復活物語が記された紙も入っているので、ぜひ読んでほしい。味は、「こい口味」「うす口味」「あま口味」の3種類。1枚約10cmと大きめなので1枚でも小腹が満たされる。トースターで焼いてもおいしい。

- 3種類×各2枚／本体600円
- 銚子電気鉄道

千葉

羽ばたく鷺(さぎ)のような包み紙にも注目

白鷺宝(はくろほう)

昔、水辺にたたずむ鷺の麗しい姿に心奪われた主人が「来年も出会えるように」という願いを込めて作ったそう。2重の包み紙はまるで羽ばたく鷺のよう。新鮮な卵を加えた白餡(しろあん)を焼きあげてミルクで覆った「白鷺宝」5個と、こし餡を砂糖の蜜でコーティングした「玉しずく」、抹茶の旨味(うまみ)が詰まった「茶ちゃ」各1個入り。

●おさらい箱(7個入り)／本体1,100円 ●菓匠(かしょう)花見

箱も包みも美しい贈り物

悦郎先生の
詩的な絵

絵本好きに贈りたい絵本作家の包み

おくりものアットハート

包装紙のイラストは、雑誌「ひまわり」「それいゆ」の挿画で知られる、画家で絵本作家の鈴木悦郎さんが描いたもの。パウンドケーキ3種（チョコレート、オレンジ、ラムレーズン）、フィナンシェ3種（プレーン、メープル、抹茶）、マドレーヌ、クッキー、ガレットのギフトセット。フランス料理店出身のお菓子屋さんなので、味も上等でどれもおいしい。
●本体2,315円 ●アルピーノ村 お菓子やさん

缶は宝物入れに

宝石のように輝く果物＆花のゼリー

埼玉

花ゼリー　苺缶(いちご)

ふたも容器もいちご模様の缶に、いちご、レモン、オレンジなどの果物や花の形をした宝石のようなゼリーがぎっしり。世界中から厳選した旬の果物の果汁をたっぷり使ったゼリーは、歯切れのよい絶妙な食感。中身を食べたあとの缶は、文房具入れや宝物入れにしても。花ゼリー25個＋ハーブゼリー7個入りの「花ゼリー缶入」（3,000円）は花好きの方へ。

●23個入り／本体1,000円　●彩果(さいか)の宝石

086

良質なうるち米を使った手焼きせんべい

手焼豆たびせんべい

10センチほどの小さな足袋をかたどったおせんべい。埼玉県は足袋の生産量が多いことと、「いい旅になりますように」という願かけの意味が込められている。生地には良質なうるち米が使われ、1枚1枚焼き釜で焼く。さらにタレを刷毛で塗ることによって、生地の油をとりながら味を染み込ませることができるそう。味は「七味」「ざらめ」「味噌」「しょうゆ」の4種類。

●1枚／本体120円 ●煎屋

埼玉

旅のみやげに
足袋せんべい

誰もが感嘆！ お花を食べるババロア

花のババロア　フルール

直径約7cmのババロアに、季節を感じさせる花をあしらった美しいお菓子。プレゼントすると箱を開けた瞬間、ピンク色の歓声が飛び交う。私自身、購入後は早く相手の喜ぶ顔が見たくて、つい小走り気味に。しかし崩れては困るから、まるで宝物を運ぶように慎重に箱を抱える。味はバニラヨーグルト風味やオレンジなど全6種類。大きいサイズのホールも人気。

●1個／本体350円　●PARADIS（パラディ）

東京

東京駅の1店舗のみで入手できる

088

東京駅構内グランスタで買える

季節ごとに味が楽しめるカップケーキ

BAKED SEASON

季節ごとに味やパッケージを変えて販売する期間限定のカップケーキ。カップケーキは手のひらにのるくらいの大きさで、ぺろりとひとつ食べられる。箱は、イラストレーターの前田ひさえさんが季節のカップケーキをイメージして描いたもの。日持ちするので安心。カラフルなビスケットが入った「マイビスケット」(5袋入り／1,204円)もおすすめ。

●5個入り／本体1,204〜1,389円(季節により変動)
●Fairycake Fair
　フェアリーケーキ　フェア

089

1本ずつ配っても

東京駅限定パッケージの上品な羊羹

TORAYA TOKYO限定パッケージ
小形羊羹「夜の梅」

東京ステーションホテルの中にあるTORAYA TOKYO限定商品。パッケージは、パリ在住の画家「P. ワイズベッカー」さんが東京駅の丸の内駅舎をモチーフにして描きおろしたもの。個包装なので食べやすく、カットする手間がないところもいい。「夜の梅」という菓銘は、切り口のあずきの粒が、夜の闇にほの白く咲く梅の花を思わせることに由来する。
●5本入り／本体1,300円 ●TORAYA TOKYO

餡のおいしさをじっくり味わって

ほし&クッキーセット
予約必至の最中の人気店・銀座「空也」が監修。瓶に入ったあずき粒餡と、スプーン形のクッキーのセット。おいしい餡はクッキーにつけたり、トーストに塗ったり、ヨーグルトのトッピングにしたり、少量ずつ味わって食べられる。つぶし、あずき、白いんげん、だいずと餡の種類は豊富なので、選ぶのも楽しい。
●餡 約110g・スプーンクッキー8本／本体1,031円 ●空いろ

名店「空也」が手がけた

本店でしか買えない幻のグッズ

鳩サブレーオリジナルグッズ

実は鳩サブレーには、本店でしか購入できない秘密のグッズがたくさんある。写真左下から時計回りに、キーホルダーの「鳩三郎」、等倍鏡と3倍拡大鏡つきの「鳩妻鏡（ハトミラー）」、鳩サブレー形の消しゴムの中に小さい鳩が入っている「鳩けし（缶入り）」など。ちなみに一番下はおなじみの鳩サブレー。本物の鳩サブレーと合わせてグッズを贈るのも楽しい。

●鳩三郎500円（税込）／鳩妻鏡（ハトミラー）810円（税込）／鳩けし810円（税込）／鳩サブレー（9枚入り箱）1,080円（税込）●豊島屋

鎌倉市農協連即売所のスタンドで

ラー油

鎌倉・由比ヶ浜にある人気の中華料理屋「フェンロン」のオリジナルラー油。刻んだ干しエビや干し貝柱をたっぷり使用し、時間をかけてじっくり甘味を引き出した奥深い味。私はこれを買うために鎌倉へ行くほど大好き。餃子(ギョーザ)はもちろん、野菜炒めやチャーハンなど何にでも合うおいしさ。賞味期限も6か月と長く、見た目もシンプルでデザイン性も高く、料理好きな方への定番。
●100g／本体730円 ●DAILY by LONG TRACK FOODS(デイリー バイ ロング トラック フーズ)

料理が楽しくなる

小ぶりの瓶入り、旬を味わえるジャム

マタンセット

定番人気のジャム3個「いちじくとカシス」「キャラメルと発酵バターとゲランドの塩」「いちごとフランボワーズ」のギフトセット。お店は鶴岡八幡宮(はちまんぐう)の近く。クレープ小屋併設の店には、色鮮やかなジャムや焼き菓子が芸術品のように並ぶ。旬の素材を使ったさまざまなジャムを眺めていると「こんな組み合わせでジャムが作れるんだ」と参考になるし、選ぶのも楽しい！
●80g×3個／本体2,167円　●Romi-Unie Confiture（ロミ・ユニ コンフィチュール）

コーヒー豆も
おみやげに

カフェブームを
けん引する
お店の逸品

カフェオレベース

コーヒーや音楽に関する著書も多い名物マスターが作るカフェオレベース。エチオピア・シダモG1ナチュラルの深煎りをベースに、オーガニックのペルー、インドネシア、グアテマラをブレンドして作られたこちらは、カフェやコーヒー好きにはたまらない逸品。カフェオレベース1：牛乳or豆乳3の割合で混ぜるだけで、おいしいひと時を味わえる。

●500ml／本体1,300円
●café vivement dimanche
　カフェ ヴィヴモン ディモンシュ

神奈川

コラム 4

「おみやげ詰め合わせ」を作ろう

おみやげ用に売られているお菓子は、売り方の形態も様々。バラ売りされるものもあれば、まとまった数でしか買えなかったり、豪華な化粧箱に入っていたり。

本当は、いろいろな種類を少しずつあげられたらいいのにと思った末に思いついたのが、自分で作る「おみやげ詰め合わせ」。

おまんじゅうひとつ、クッキー二つ、飴は三〜四つ……。その土地で見つけた数種類のお菓子を、ひとつの袋にまとめて入れて、マスキングテープで封

をしたり、簡単にリボンをかけたり。ラッピングが苦手……という人もいるけれど、ただ透明の袋にお菓子を詰めるだけで大丈夫。中身が見えることでかえって、手渡すとき「わっ!」と歓声が上がり、その場でお菓子の説明もしやすい。旅の話に花が咲く。

この方法、おみやげに買ったお菓子を、自分でも味見してみたいと思ったときもとても便利。旅先の味を、自分も含めたみんなでシェアできる。きちんと箱に入ったものでなくても、楽しくうれしい、おみやげの形。

096

東海地方の
かわいい
おみやげ

最高級の材料で作る万能ツナ缶

4種のツナ缶セット

綿の実から採れる高級なサラダ油を使った「特選まぐろ綿実油漬」と、オリーブの豊かな風味がツナの味を引き立てる「オリーブ油漬」をそれぞれファンシー（身をほぐさず塊のまま詰めたもの）とフレーク（ほぐしたもの）で楽しめる4種×3缶ずつのセット。パンやサラダ、パスタなど本当に何にでも合う。おいしいし、良質なたんぱく質をとれるので、ぜひ油を切らないで食べてほしい。
●90g×3缶（特選まぐろ綿実油漬け・オリーブオイル漬け／ファンシー・フレーク）12缶入り／本体2,310円 ●由比缶詰所

静岡

家に常備したくなる

袋の絵は
山内泉さん

静岡

昭和20年代から続く味

ミニあげ潮

「あげ潮」のネーミングには「浜名湖に潮が満ちてくるように皆さまのもとへ幸運が打ち寄せ、運気が上昇しますように」という願いが込められている。だから、実は揚げておらず、塩も使っていない。レーズン、クルミ、オレンジピールを入れた生地にコーンフレークをまぶして焼き上げたクッキーで、様々な素材の食感や香りを楽しめる。牛乳をかけて食べてもおいしい。

●箱入り（50g×3袋）／本体750円 ●まるたや洋菓子店

パッケージの
デザインも◎

静岡

「うなぎパイ」に次ぐ浜松発ブランド

こねりギフトボックス M

「うなぎパイ」で有名な春華堂(しゅんかどう)が立ち上げたパイ専門店「coneri」の商品。「チョピ」と名づけられたスティックタイプのパイ「浜名湖あおのり」「三方原ばれいしょ」を「桜えびタルタルソース」につけて味わう。チョピとディップは全6種類あり、様々な組み合わせで販売。「pm7:00＝夜のおつまみ」とは、うなぎの「夜のお菓子」にかけて。

- 桜えびタルタルソース155g・チョピ12本×2箱／本体2,100円
- coneri(こねり)

富士山の天然水を使った水出しコーヒー

Mt.FUJI COLD BREW COFFEE

静岡で人気のコーヒーショップが作る水出しコーヒー。ミネラル豊富な富士山の天然水でコーヒーを抽出しているから、コーヒーの味とともに水のおいしさも味わえる。夏は冷やしてゴクゴク飲んだり、牛乳と割ってアイスカフェオレにしたり、楽しみ方はいろいろ。ラベルにもさりげなく「Mt.Fuji」をあしらった富士山が。日本人が愛してやまない富士山の魅力が詰まったおみやげ。

●500ml／本体880円　●IFNi ROASTING&CO.
イフニ ロースティングアンドコー

ういろうの老舗の新銘菓

青柳 小倉サンド、カエルまんじゅう

ふんわりかわいい「カエルまんじゅう」の中身は「こしあん」のほか、季節限定の「おいもあん」「チョコあん」「さくらあん」「抹茶あん」など。カエルには「跳躍する」「無事にかえる」などの意味があるので、旅のおみやげにぴったり。ちなみに箱には切り取り線が引かれていてカエルのお面を作れる。名古屋の喫茶店でおなじみの味を再現した「青柳 小倉サンド」と合わせて。
●青柳 小倉サンド 5個入り／本体700円、カエルまんじゅう 6個入り／本体500円 ●青柳総本家

箱のかえるでお面が作れる

名古屋駅の東急ハンズで買える

愛知

懐かしい母の味を思い出す

マースカレー、即席カレー

懐かしいデザインに惹かれて購入。「マースカレー」のマース（MARS）は、Mango、Apple、Raisin、Spice。遊び心のあるネーミング。カレーの粉末のほか、チャツネというオリジナルソースがセットになっているので、肉・野菜と一緒に煮込むことで奥深い味を引き出せる。「即席カレー」は、脂肪分がひかえめで辛すぎない。お子さんがいるご家族におすすめ。

●マースカレー（小）130g ／本体200円、即席カレー 95g ／本体140円 ●オリエンタル

大名古屋ビルヂング店でのみ購入可

自分で手作りする楽しさもプレゼント

名古屋あんこサブレ

ほろっとやさしい食感のサブレと、十勝産特別栽培あずきの風味や粗糖のコクを生かして炊き上げた粒餡(つぶあん)のセット。サブレに粒餡をのせて食べれば、名古屋発祥の「小倉トースト」さながら。商品の監修を手がけるのは、和菓子職人の「まっちん」さん。材料にこだわり、素材のおいしさを生かしたお菓子作りをする達人なので、味はもちろんお墨つき。

●粒餡250g・サブレ20枚／1,080円（税込）●ツバメヤ

冷やして食べたい、棒つき系ういろ

ウイロバー

なんとこれは、ういろ。ういろは今から約600年前、中国から日本に伝来し、米粉と砂糖だけで作られたお菓子。長い間、名古屋の定番みやげとして愛されているが、通常の竿の形状は包丁を使うので、おみやげにはやや不向き。その点、これは棒に刺さったひと口サイズなので食べやすく、見た目もアイスみたいでおもしろい。ほどよくもっちりした食感と、なめらかな舌触りも絶品。

●5本入り／本体540円　●大須ういろ

油っこさがないカリッ&サクサクの食感

大地のかりんとう

老舗の油屋と、和菓子職人「まっちん」さんが共作したお菓子シリーズ「大地のおやつ」の代表作。北海道産石臼挽き小麦全粒粉、岐阜県産小麦粉、平飼いの有精卵など厳選した素材を使って、純国産米油で1本ずつ丁寧に手揚げしたかりんとうは、まさに大地を感じさせる力強い味。ほうじ茶を使った「天空の古来茶」、素材のおいしさが生きる「塩」、やさしい甘さの「黒糖」の3種。
●各80g／各本体389円　●山本佐太郎商店

人気和菓子職人が作る新定番

ハーブで色づく甘美な和菓子

みずのいろ

創業約250年の「つちや」があるのは、「水の都」と呼ばれるほど豊富な地下水を誇る大垣市。水は本来無色だけど、空や新緑、紅葉など、様々な景色や季節を映すと色を宿す。そんな水をお菓子に映し、寒天で表現。職人さんが1枚ずつ手作りしているから、まったく同じ形のものはなく、波紋のようになめらかにゆらぐ円も美しい。消え入るようにほんのり甘く、やさしい味。
●10枚入り／本体1,000円　●御菓子(おんかし)つちや

お取り寄せ不可
＆予約限定！

岐阜

明治から続く老舗の最中

鵜坊

長良川の鵜をイメージして作られた、甘泉堂本店でしか買えない貴重なお菓子。4㎝程度の鵜は最中の皮でできていて、開くと金平糖が入っている。そこに付属の餡（あずきと白餡の2種）を自分で詰めて食べる。サクッとした最中の皮と、なめらかな舌触りの餡が美味。金平糖はおまけなので、最中と別に味わって。鳥好きの友人のおみやげにしたら大喜び。

●餡2種・金平糖・最中種6個入り／本体1,000円 ●甘泉堂総本店

金平糖はおまけです

108

明治15年より変わらぬ味

岐阜

7代にわたり守られ続けている伝統の味

カステーラ

「カステラ」ではなく「カステーラ」という響きに趣を感じる。ちなみに漢字で書くと「加寿天以羅」。毎日、地元の鶏卵場で産まれた新鮮な卵と、上白糖を材料に、江戸時代から伝わる製法を守って焼き上げている。シンプルな見た目に惹かれて購入したけれど、味は素朴なようで深みがあり、後をひくおいしさ。食感はケーキのようにふわふわ。
●200g／480円（税込）●松浦軒本店

伊勢神宮にお供えするご神饌(しんせん)がモチーフ

サトナカ　お結び

伊勢神宮で神様にお供えする「塩・米・酒」を使ったクッキー。小麦粉は「アヤヒカリ」、塩は二見(ふたみ)の「岩戸の塩」、多気(たき)の元坂酒造の酒粕(かす)など、地元の材料を使用。まとめて買ったのに素朴な味わいに手がとまらず、半分自分で食べてしまった。商品名の「サトナカ」とは、「サ」が10あって、中央に「中」で「サトナカ」!
●18枚入り／本体1,350円 ●EMELON(エメロン)

三重

包装紙も
伊勢神宮と同じ
大豊和紙(たいほうわし)

軽い食感が懐かしい「炭酸せんべい」

湯の花せんべい

昭和34年、三重県湯の山温泉のロープウェイ開通時に合わせて誕生したお菓子。小麦粉、砂糖、卵、食塩など素朴な材料に炭酸泉水を加えて焼き上げる「炭酸せんべい」で、サクサク軽く、ほのかに甘くて、何枚でも食べられる。せんべいの中央には湯をイメージする絵があり、その周りを「ゆのはなせんべい」という文字が囲んでいる。缶入りだから長期保存しやすく、食べ終えたあとも活用できる。

●丸缶（130g）／本体695円、角缶（300g）／本体1,388円
●日の出屋製菓

その形に笑みがこぼれる伊勢みやげ

鬼屋敷・忍者最中

昨年伊賀に行ったとき、ふらっと立ち寄ったお店で発見。歴史を感じさせる店の中には手書きの看板も置かれていて、ゆっくりした時間が流れている。伊賀で忍者みやげは数多いけれど、和める姿が秀逸。忍者とくのいちの袋に入った香ばしい最中は手のひらより少し大きいサイズで、粒餡がぎっしり。こちらのお店は小ようかんが名物。
●8個入り／本体806円 ●御菓子司おおにし

伊賀といえば忍者！

三重

潔いパッケージに味への自信が表れる

伊勢うどん

伊勢神宮の近くにあるおみやげ屋さん「伊勢かもしか出張所」のうどん。シンプルな麺だからこそ素材にこだわり、小麦粉には三重県産のブランド小麦「アヤヒカリ」を、練り上げる水にはブランド天然水「森の番人」を使用。丁寧に練り上げられた極太の麺は素朴ながら力強く、しょうゆ風味のたれとよく合う。私が好きなのは、生卵をからめる食べ方。つるっとした喉越しが心地いい。

●2袋入り／本体600円 ●伊勢かもしか出張所

三重

伊勢神宮参拝みやげに

> コラム
> **5**

地元の
「スーパーマーケット」に行こう

私にとって「その土地らしいもの＝おみやげ」。スーパーマーケットは「ご当地色」が色濃い食品に出会えるので、おみやげ探しの定番になっている。

スーパーで真っ先に向かうのは「調味料コーナー」。しょうゆ、ソース、つゆ、塩など、ふだんは見たことがないお宝がズラリ。「こんなのあるんだ！」の連続で、カゴはあっという間に満杯に。

あわててカートを取りに行き、次は「乾麺コーナー」へ。うどん、そば、ラーメンなど、誰もが好む食材がよりどり揃い、しかも軽い。持ち運びしや

すいおみやげは渡すのにもちょうどよく、ときにまとめ買いすることも。

続いて、缶詰めなどの「保存食コーナー」に移動。缶詰めは多少重くても賞味期限が長いうえ、特産物を使ったものが多いのでおみやげ向き。

「袋菓子コーナー」も、昔ながらのパッケージやその地域ならではのお菓子が見つかる。

地元の方にとっては日常的に食べているありふれたものでも、旅する側には輝いて見える。手頃ながらひとひねりあるおみやげが、スーパーにはあふれている。

114

まるい食パン専門店

パンの風味が生きたサクサクのラスク

まるい食パンラスク

滋賀で大人気の「サラダパン」(なんと中にはたくあんが!)で有名なお店のお菓子。まるい食パンで作るラスクは軽い食感で、子どもからお年寄りまで安心して食べられる。マーガリンの風味が生きた「プレーン」や、お酒にも合う「ガーリック」など7種類の味が1箱に詰め合わさっているからいろいろな味を楽しめるところもいい。職場でも配りやすい個包装なのもありがたい。
●プレーン・ガーリック・シナモン・きなこ・よもぎ(各2袋)・黒ゴマ・ブルーベリー(各1袋)／本体926円 ●つるやパン

宮内庁御用達の菓子店

歴史あるオリンピックカラーの豆菓子

五色ボーロ

明治27年に誕生した「堅ボーロ」が名物の老舗和菓子店のボーロ。店構えもよく、一歩足を踏み入れるとまるでモノクロの世界に迷い込んだよう。こちらの五色ボーロは、1964年、東京オリンピックを記念して作られた豆菓子で、5色のオリンピックカラーが施されている。見た目のカラフルさとは異なり、味わいは素朴。2回目の東京オリンピックを控え、再び話題の滋賀みやげ。
●本体500円 ●元祖 堅ボーロ本舗

鎌倉時代から伝わる
美しい日本の縁起菓子

糸切餅
(いときりもち)

「ピンクと水色の3本線の和菓子とは美しい」と感銘を受け、お店まで足を伸ばした。3本線は、モンゴル軍の旗印の色。昔、日本に上陸しようとしたモンゴル軍を台風が阻止したことから、神に感謝してお供えするようになったそう。「糸切餅」の名前通り本当に糸で切られていて「刃物を使わず悪霊を断ち切る」願いが込められている。日持ちしないので、当日家族に。

- ●10個入り／600円（税込）
- ●糸切餅 元祖 莚寿堂本舗(えんじゅどう)

滋賀が誇る
多賀大社参拝の
記念に

国産ぶどう100％！
微発泡にごりワイン

h3 Caribou

米原駅に併設されたアンテナショップで発見。h3シリーズは、1997年から製造しているヒトミワイナリーのオリジナル商品で、国産のデラウエアを使った微発泡のにごりワイン。フルーティで飲みやすい。ラベルのイラストもお酒の種類によって変わるので、好みの絵柄で選んでみても。アルコール類は、手みやげで渡すと自分も一緒に楽しめるからうれしい。男性にも喜ばれる。

●720ml／本体1,700円
●ヒトミワイナリー

箱入りの
たたずまいも
美しい

一袋ずつお菓子のように包まれたあんぱん

SIZUYAPAN
しずやぱん

創業69年を迎える京都のベーカリー「志津屋」が手がける、あんぱん専門店の品。包みに描かれている美しい模様は「家紋」であると同時に、甘さを伝える「甘紋」でもあるそう。甘紋から味をイメージしてもらうため、すべて英語で表記しているとか。抹茶小倉、抹茶、シナモン、和栗、小栗の5種類のセット。このほかにあと5種類あり、単品でも購入できる。

●詰め合わせ（5個入り）／本体973円 ●志津屋

彩りが美しい、風情ある新感覚の和菓子

琥珀糖(こはく)、有平糖(ありへい)

京菓子「鶴屋吉信(つるやよしのぶ)」の新店舗「IRODORI(いろどり)」の商品。コンセプトカラーの6色は、朝日、夕日、晴天、晴朗、夜の帳(とばり)、夜空を表現している。「琥珀糖」(下)は良質の寒天に砂糖を加えて乾燥させたもので、表面はしゃりっ、中はつるりとした食感。「有平糖」(上)は、ポルトガルから伝わったお菓子のひとつで、上質の砂糖を煮詰めたもの。どちらも贈ると感嘆がもれる、美しい彩り。

- 琥珀糖 10本入り／本体1,000円、有平糖 5本入り／本体500円
- 鶴屋吉信 IRODORI

老舗菓子屋の芸術品

京都

独特のスモーキーな香りがくせになる

いり番茶ティーバッグ

京都で古くから親しまれている「いり番茶」のティーバッグ。燻(いぶ)したようなスモーキーな独特の香りが特徴で、たき火を思わせる。くせがあるので、好みは分かれるかもしれないけれど、私が贈った人たちからは「初めての味で後を引く」と好評。私自身、京都へ行くたびにまとめ買いするくらい好物。京都在住時から10年以上飲み続けている。初めての人は少量で試してみて。

●21袋入り／本体600円 ●一保堂茶舗(いっぽどうちゃほ)

香ばしく大人の味わい

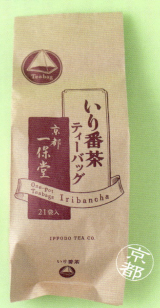

パッケージも
グッドデザイン

あっさり塩味！ 抜群のおいしさ

はしだて印　いわし油づけ（オイルサーディン）

日本近海でとれた新鮮で小ぶりないわしを1尾ずつ手作業で油漬けした缶詰め。くせのない、あっさりした塩味だから、そのまま食べてもおいしいし、オーブン焼き料理などにアレンジもできる。いわしが描かれた包装紙や、美しい海が映った平たい缶も素敵。賞味期限も約3年と長いから、相手を急かすことなく食べてもらえる。単品（463円）でも購入可能。

●105g×3缶／本体1,412円　●竹中罐詰(たけなかかんづめ)

季節の風物を生八ッ橋で

季節の生菓子

実はこれ、生八ッ橋。老舗の八ッ橋屋の新ブランド「nikiniki」によるもので、生八ッ橋本来の風味と食感を生かしつつ、あの定番の形を脱したところが新しい。雪だるまと雪の結晶は冬を、熊と森は秋を表現している。これ以外にも、夏はスイカやヤシの木、春は桜、梅雨はあじさいなど訪れるたび新しい味に出会える。「食べるのがもったいない」と言われる京都らしいおみやげ。
●1個／本体550円 ●nikiniki

京都駅構内で買える

劇場に足を運んで手に入れたい

宝塚大劇場でしか買えない実演販売品

宝塚人形焼

宝塚大劇場で売っている人形焼き。実演販売なのでお店では焼きたてを食べることもできる。味はこし餡とカスタードの2種類。手のひらサイズのふわふわの体には「宝塚人形」と文字が刻まれているので、おみやげらしさも一段と。こけしのような姿で箱にぎっしり並んでいる様子もほほえましい。こちらのお店の、瓦せんべいや瓦まんじゅうも神戸らしいお菓子。

●12個入り／本体722円 ●福進堂総本店

神戸らしさ満点の高級な詰め合わせ

本店オリジナル　ギフトセット10

おしゃれな空気が漂う神戸の中でも、ハイカラな雰囲気を持つトアロードにある人気ショップの高級食材、「リオナソーセージ、ウィンナー、フレンチマスタード、スモークサーモン、グリルハンバーグ」の5点。単品でも購入可能だけど、迷ったらセットがおすすめ。地元神戸の人でも、こちらの商品を贈られたら誰もが喜ぶ一級品。食通な方へのおみやげに。

●本体3,000円　●トアロードデリカテッセン

もらって
うれしいセット

兵庫

老若男女に愛される

兵庫

昭和43年発売の
うす焼きせんべい

ロミーナ

うるち米の味がしっかり感じられる、塩っけのあるうす焼きせんべい。昭和43年に発売されたロングセラーで、CMが流れていたこともあるので懐かしく感じる人も多いはず。パッケージは10回くらい変わったけれど、これは発売当時の復刻版。味も、焼き方を変えた程度で当時とほぼ同じ。いろいろな味のお菓子があるなか、素朴ゆえにしみじみほっとできる味。

●110g／本体230円 ●げんぶ堂

元は教会のパン屋さんのバター

オリジナルバター

異人館で有名な神戸北野の東にある「フロインドリーブ」は、歴史あるドイツパンのお店。ゴシックスタイルの教会を店舗に利用し、1階の集会室はベーカリー、2階の礼拝堂をカフェとしている。私はいつも新神戸駅から新幹線に乗る前に立ち寄る。お店のパンに合わせて作られたバターは、コクがあってまろやか。
●170g／本体700円 ●フロインドリーブ

瓶入りで贅沢感も高まる

兵庫

128

小さな原稿用紙に
短い言葉が

田辺聖子も愛した乙女菓子の最高峰

クリスタルボンボン

中にアニゼット、マラスキーノ、コアントローのリキュールをひそませた、3つの味の砂糖菓子。まるで宝石箱のような丸い箱に、ぎゅっと詰め込まれた様に、思わずこぼれる感嘆のため息。ピンク色の紙片には、俳人「冬野虹」さんの詩が。「シャーロットは 見ている ひかりのように 水のように スノードロップ」。3粒の甘いかけらが残す美しい余韻。これは、私の中の「乙女菓子」の最高峰。
●90g／本体1,350円 ●長﨑堂

見て楽しい、食べておいしい驚きが

とびばこパン

やさしい甘さが感じられる天然酵母のパン。元グラフィックデザイナーの店主が、息子さんの体操教室を見学していたときにこの形を思いついたそう。密度が高くてきめ細かいカステラのような食感。ほんのり甘くふわっと美味。食べるときはぜひ、1段ずつスライスして。とびばこ3段の「ミニとびばこパン」やクリームや餡(あん)が入ったものもあって、こちらもちょっとしたおみやげに。
●1個／本体310円　●Pain de Singe(パン ド サンジュ)

大阪

子どもも大喜び

絵本の中から飛び出してきたような

りすとどんぐりセット M

吹田市にある店舗は森の奥にたたずむお菓子の家のようで、どこか童話的な雰囲気。国産小麦を使用し、シンプルな素材で体にやさしいお菓子を作っている。木々が描かれた箱の前にほろほろと口で溶けるクッキーを並べると、まるで「りす」「どんぐり」「三日月」などが、絵本の中から飛び出してきたよう。森でお茶会を開くような物語が目の前に。女性や小さいお子さんがいるご家族に。

- りすとどんぐり、ココナツ、黒ゴマ各2袋、ボタン1箱／本体2,000円
- eden
  （エデン）

昔から大阪で愛されている
生姜(しょうが)ドリンク

カタシモのひやしあめ

大阪ではポピュラーな「ひやしあめ」。生姜や砂糖が入った生姜シロップのような飲み物で、大学時代大阪に住んでいたときもよく見かけていた。そのころはなじみがなく手が伸びなかったけど、大人になってから飲んでみると、ごくごくいける。水やお湯で割ったり、炭酸やお酒と合わせたり。生姜の効果か、飲んだあとは心なしか体もぽかぽか。関西出身者にも喜ばれる。
- 550ml／本体520円
- カタシモワイナリー

関西では日常的

色とりどりではかな気な幻の駄菓子

レインボーラムネ

抽選に申し込まなければ買えなかった幻のラムネ。往復はがきで申し込んだり、地元の体育館で抽選会が行われたり、とにかく競争率は高かった。サイズはちょっと大きめで、直径約2cm。白、淡いピンク、ブルー、黄色などのカラフルで大きなくす玉形の玉が透明のビニール袋にぎっしり。とても素朴で、口どけがいい。最近は奈良駅などでも限定だけれど買えるようになってきたので、見かけたら即決を。

●750g／本体463円 ●イコマ製菓本舗

地元でもなかなか買えない

神の使いをかたどったサブレ

鹿サブレ

鹿のポーズがたまらない！ 空を眺めているようで、のんびりとした奈良の空気が伝わってくる。小麦粉、砂糖、卵などシンプルな材料で作られたサブレは、サクサクとした食感でやさしい味わい。1つずつ個包装になっているので、何人かに配るときにも便利。これは奈良で大人気の店「くるみの木」限定のパッケージ。ランチや喫茶もできる店には、多くの奈良みやげが並ぶ。
●8枚入り／本体750円 ●くるみの木 cage(カージュ)

「くるみの木」へ買いに行こう

「柿に特化した
お菓子のお店」

凛とした佇まいの、風味豊かなジャム

柿のジャム

羊羹や最中、ゼリーなど、柿にまつわる商品をたくさん作るお店の代表的な商品。ペーストにした富有柿と、ダイス状にカットした柿を合わせてジャムに。ヨーグルトに混ぜたり、クラッカーやパンにつけたり、おつまみにしたり、食べ方はいろいろ。豊かな自然の中で育つ柿の旨味が凝縮し、濃厚な味が楽しめる。ジャムはおみやげとして持ち帰りやすいので、私はいつもまとめ買い。

●150g／本体500円 ●かきいろ

常備して毎日飲みたい

「有機栽培」にこだわった貴重な国産紅茶

有機紅茶 月ヶ瀬夏摘み、
有機紅茶 月ヶ瀬べにひかり

奈良の方から「これ飲んでみて」といただくことが多い、有機栽培にこだわっている茶園の紅茶。にこにこ手渡されるたびに、地元の方にとっても自慢の一品なのだということが伝わってくる。「夏摘み」は渋みが少ないすっきりとした味。「べにひかり」は透明感のある美しい紅色で、鼻に抜けるようなさわやかな味。紅茶だけれど、和洋ともに食事の合間にも飲みやすい。
●各60g〜／各本体800円〜（季節により変動）●月ヶ瀬健康茶園

約400年前に誕生！
古都の和製リキュール

あられ酒

1610年ごろ、漢方医が春日大社(かすがたいしゃ)の風情を酒で表現したのが「あられ酒」のはじまり。あまりなじみがないけれど、珍しさと見た目の愛らしさで必ず喜ばれる。低温で醸造されたまろやかな味わいの飲用みりんで、氷を入れてロックで飲んだり、ソーダや日本酒と割っても。私は料理用として使い、瓶が空になったあとも別の用途を探してしまう。
●300ml／本体750円 ●春鹿(はるしか)

江戸時代の人も愛飲していた

「世界の巨人」が本格的本醸造酒で復活

特撰　本醸造「熊楠」

キレとコクがある辛口の味はもちろん素晴らしく、さらに味を超越するほど価値ある1本。「知の巨人」と言われ、世界の博物学や民俗学に大きな業績を残した「南方熊楠」の実家の酒蔵が造るお酒で、熊楠の生誕120周年を機に誕生したもの。熊楠自身もかなりの酒豪で、留学先のミシガン州農学校を飲酒が原因で自主退学した逸話も。一升瓶も貫禄あり。

●1,800ml（ケース入り）／本体3,000円 ●世界一統

和歌山

熊楠の
実家の酒蔵！

チョコレートが貴重だった時代から作られる逸品

レモンケーキ、デラックスケーキ

「レモンケーキ」は、レモン味のカステラ生地をレモンチョコレートでコーティングしたもので、中にはバニラクリームも入っている。しっとりした甘さとレモンのさわやかさがなじみ、どこか懐かしい味。ホワイトチョコに包まれた「デラックスケーキ」はジャム入り。どっしりと重量感があり、冷蔵庫で冷やして食べるとさらにおいしい。
●レモンケーキ 5個入り／本体950円、デラックスケーキ 3個入り／本体650円 ●鈴屋

和歌山

冷やして食べたい

世界遺産・熊野詣(もうで)のおみやげに最適な1本

くまみつカステラ、おとなしカステラ

熊野本宮大社・瑞鳳殿内のカフェが作るカステラ。「おとなし」は、平安時代、貴族が参拝前に身を清めた音無川に由来する「音無茶」が練り込まれ、お茶の持つ力強さと豊かな香りが感じられる。「くまみつ」で使用している蜂蜜は、流通量が0.1%しかない日本蜜蜂から採れる貴重なもので、熊野古道沿いで採取している。熊野にちなむ物語までも届けたい。
●各10切れ／各本体1,200円 ●café alma

飲み比べ
したくなる

おいしさがギュッ！
1本にみかん8個を使用

和歌山

伊藤農園100%ピュアジュース

太陽と、黒潮から吹く潮風の恵みをたっぷり浴びる段々畑で100年以上みかんを作り続けている「伊藤農園」。みかん本来のおいしさを届けるため、果実を半分に切り、上からお椀でやさしく押してジュースを作っているそう。温州みかんを使った強い甘さ・コクが特徴の「みかんしぼり」、酸味と甘味のバランスがいい「きよみしぼり」など全13種類から好きな8本を選択できる。

●8本ギフトセット（180ml×8本）／本体2,398円 ●伊藤農園

コラム6

上手に買って
上手に持ち帰るコツ

お気に入りのおみやげを買ったものの、重くて持ち運ぶのが困難だったり、せっかく買った瓶が割れてしまったり……。上手に扱うために、ちょっとした工夫が必要なことも。

もっとも大事な旅の基本は、旅行バッグを半分ほど空けて出かけること。それから、「大きめの丈夫なエコバッグ」と「保冷バッグ」も荷物の中に忘れずに。

保冷バッグは、チーズなどの冷蔵品を買ったときに重宝。冷蔵品は、旅の最終日に求めるようにするのもちょっとしたコツと言える。

瓶ものを包む「緩衝材」は、宿泊先でもらえる新聞紙や現地の地図、チラシなどを流用。自分ならば、地元の新聞にくるまれたおみやげを手渡されたら、とてもうれしい。

おみやげの量があまりにも増えてしまったときは、スーパーやコンビニでダンボールをもらい、その場で発送しても。

明日の朝は家というときは、朝市や道の駅で野菜をたくさん購入して自宅に送り、ご近所さんにおみやげとしておすそわけ。買って帰った果物でジャムを作り、おみやげにしても喜ばれる。

中国地方
の
かわいい
おみやげ

鳥取をブランブラン散策しよう!

鳥取ブランケーキ

「鳥取をブランブラン歩いてほしいから、ブランケーキ」という、力の抜け具合に心が和む。作っているのは慶応4年創業の鳥取で一番の老舗(しにせ)。生地にはたっぷりブランデーがしみ込み、しっとりやわらかい食感で、洋酒の芳香が鼻から抜ける。しゃんしゃん傘や松葉ガニ、白うさぎ、20世紀梨など鳥取の風物詩が描かれたパッケージもかわいい。ハーフサイズもあり。

●1斤/本体1,100円 ●亀甲(きっこう)や

大神慶子さんの絵

鳥取

やさしい口当たりの牛乳瓶形サブレ

白バラ牛乳サブレ

「自分たちの搾った本当においしい牛乳を飲んでいただきたい」という思いが詰まった「白バラ牛乳」を使ったサブレ。白バラには「正直」「純粋」「私はあなたにふさわしい」などの花言葉があるそう。白バラのように純粋で混じりっけのない牛乳と、じっくり煮詰めたミルクジャムを加えた生地は、サクッと繊細。できることなら牛乳片手に味わいたい。

●8枚入り／514円（税込）●グローバル・ガストロ・サービス

大山の風景が浮かぶ

鳥取

箱には紋章の柄が

砂丘にうっすら積もった雪のよう

鳥取宝月堂の生姜せんべい

鳥取県東部で江戸時代から庶民に親しまれている生姜せんべい。波形に曲げたせんべいの表面に、砂糖と生姜で作った生姜蜜が。その姿を、鳥取の民芸活動家は「鳥取砂丘に、うっすら雪が積もったようだ」と表現したそう。口に入れると生姜の風味がぴりりと広がり、せんべい自体のほのかな甘さが引き立つ。かわいい柄の包装箱は、民芸好きの人にも人気。

●10枚入り／本体1,200円 ●宝月堂

料理に役立つ最高級の砂丘らっきょう

甘さひかえめ　砂丘らっきょうピクルス

鳥取といえば「らっきょう」。おみやげにも渡しやすいらっきょうを探す中、ようやく巡り合えたのがこちら。ローリエや鷹の爪も入っているから彩りがよく、白鳥をモチーフにしたラベルもすてき。味は、らっきょうが苦手な人でも食べられるほど、くせがなくさっぱり。そのまま食べたり、トッピングしたり、刻んでマヨネーズと混ぜたり、料理の幅が広がる。
●130g／本体600円 ●シセイ堂デザイン

鳥取

鳥取は
らっきょうの
産地

出雲の
ご当地
ベーカリー

60年以上愛されるパン

バラパン

長細いパンに生クリームを塗ってロール状に巻き、バラに見立てたパン。コーヒー味もある。花びらをちぎるように少しずつ食べるのが普通だけど、かぶりついたり広げて食べたり、どうやって食べるかを考えるのも楽しい。パンは地域性が出るからおみやげで渡すと喜ばれる。出雲空港でも販売しているので、地元に着いたその足でご近所さんに届けても。

●本体120円 ●なんぽうパン

ご縁を結ぶ紅白の餅

ハレもケも出雲発祥の縁結びスイーツ

出雲ぜんざい

ぜんざいは、出雲地方発祥の食べ物。神々を祝う「神在祭」が行われるとき、ふるまわれていた「神在餅（じんざいもち）」の呼び名が変化して、ぜんざいになったそう。その神聖さを伝えるべく、縁結びのお菓子として誕生したのがこちら。袋の中には紅白餅とぜんざいのレトルトパックが入っていて、簡単に温めるだけで甘さひかえめのぜんざいを楽しめる。

●紅白餅・ぜんざい入り／本体480円　●宿禰餅本舗坂根屋本店

板チョコ風で1粒ずつカリッと

徳川将軍にも献上された由緒あるお菓子

紅白生姜糖・抹茶糖詰め合せ

創業300年以上の老舗(しにせ)が作る、日本生姜糖の元祖。板チョコのような形に目新しさを覚えるけれど、実は昔から使われている型に流し込んで作られた由緒ある形。徳川将軍家にも献上され、大いに賞賛されたそう。味は、出雲産の出西生姜の甘さと辛さが調和した「生姜糖」、それに淡い色をつけた「紅」、同じ製法にて、石臼挽き(いしうすび)の抹茶をたっぷり使った「抹茶糖」の3種類。
●3枚入り／本体1,290円 ●山陰名産來間屋(くるまや)生姜糖本舗

笑みがこぼれる素朴なかわいさ

どじょう掬いまんじゅう

どじょうすくい踊りのひょっとこの顔をモチーフにした、山陰地方の代表的銘菓。安来節に合わせた踊りに、ほおっかむりは必須。このおまんじゅうもほおっかむり姿で、くすりと笑える。中には白餡(しろあん)がぎっしり詰まっていて、上品な味わい。お茶はもちろん、コーヒー、紅茶にもよく合う。価格も手頃で、1つずつ手渡したくなる。忙しい会社の休み時間にみんなでパクリと。
●8個入り／600円 ●中浦食品

味ごとに姿が七変化

ももたん　バターミルク味

白餡をやわらかいバターケーキで包んで焼き上げた新しい和菓子。目を引くのは、くりっと大きな目のイラスト。ももたんが桃太郎に扮したこちらはバターミルク味。マロングラッセ味、フルーツパフェ味、お誕生日ケーキ味、熟成肉味など、種類もいろいろあって、それぞれイラストも異なる。動くももたんは、HPで公開。岡山弁で話す、チャーミングなキャラクター。

●4個入り／本体500円　●ナショナルデパート

葉巻が珍しかった時代に誕生

梶谷のシガーフライ

小麦粉をじっくり練り上げる昔からの製法で生地を作り、高温のオーブンで焼いた歯切れのよいビスケット。小麦粉本来の甘さと香ばしさを楽しめる飾り気のない味。名前に「フライ」とついているが、軽い食感を表現しているためで、油で揚げているわけではない。そのまま食べるのはもちろん、牛乳やジャム、アイスなどにディップしても。袋入りは全国のスーパーで、瓶入りは、2014年に倉敷美観地区にオープンした直営店カフェビスキュイのみで販売。60年以上のロングセラー。
- ●袋126g／オープン価格（100円前後）、瓶150g／700円（税込）
- ●梶谷食品

瓶入りも登場

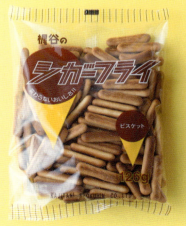

「桃太郎」の物語がそのままお菓子に

きびだんご

桃の絵の箱をパカッと開くと、赤ちゃん桃太郎が誕生。味わいを楽しむ物語のはじまりはじまり。きびだんごの包み紙には、桃太郎、鬼、猿、きじ、犬が描かれている。中身は全部同じ味。甘さひかえめのやわらかいきびだんご。岡山県で唯一きびだんごひと筋のお店が、丁寧に作る。大きさは、やや小ぶりなひと口サイズ。15個以上の箱入りもあり。

●10個入り／本体380円　●山方永寿堂

地元の魚を地元の女性が手作業で加工

ままニャカウダ、ままチョビ

瀬戸内の地元の漁師さんから仕入れた「ままかり」を、過疎化が進む集落の施設で、地元の女性たちが手作業で加工している。素材、作り手、かかわるものの半径を小さくすることで、特産品本来の姿を大切に守る。「ままチョビ」は臭みがないので炊き込みごはんやなますなどの和食とぴったり。「ままチョビ」を使ったバーニャカウダソース「ままニャカウダ」もコクがあって美味。
- ままニャカウダ 65g ／本体850円、ままチョビ 50g ／本体800円
- ココホレ物産

岡山の
人気レストラン
監修

有明海産の海苔×イタリア×フランス

うみべのしおのり
厳島へ行ったとき、地元の人に自慢の味だと強くすすめられ、おみやげにまとめ買い。有明海産の海苔を、イタリア・シチリア島産オーガニックオリーブオイルとフランス・ブルターニュ産の天然海水塩でさっぱりと仕上げた「しおのり」。和の素材を海外の素材と合わせると、不思議なほど旨味に奥行きが生まれ、口当たりもまろやか。ワインに添えてそのまま食べても。
●80枚入り／本体550円 ●三國屋

サイズは大中小の3種類

広島

絵本で夢見たようなふかふかのケーキ

バターケーキ

帰省した人が、まとめて買っておみやげにするほど大人気。お昼には売り切れることも多い。創業当時は、カステラや和菓子を作っていたが、1961年に「バターケーキ」が誕生してからは、こちらひとつに専念。お店に行くと、バターケーキのみが並ぶ深い様にじわっと感動するほど。昔絵本で見たようなふかふかの食感で、バターの風味もまろやかでやさしい。ワンホールもぺろり。

●小（18cm）／本体889円 ●バターケーキの長崎堂

45年前に誕生

広島

野球ボール形の最中に「carp」の文字が

紅白 カープ最中

広島カープを応援する思いで誕生した広島みやげ。紅白の野球ボールの最中を差し出すと、一様に目を丸くし驚かれるが、地元ではおなじみの定番菓子。北海道産のあずきを白双糖（しろざらとう）で丁寧に炊き上げた粒餡（つぶあん）に、広島産もち米粉から作ったお餅が入っている。大きさは野球ボールより小さい、直径約5cm。お椀に最中を入れて、お湯を注いでかき混ぜれば、ぜんざいとしても味わえる。
●6個入り／本体796円 ●お菓子処 旭堂

らしくない形とパッケージが目を引く

板チョコレート

「おもしろいチョコレート」を目指して、尾道の山の上の工場で手作り。彼らのうち3人は、なんとヒップホップミュージシャンとしても活動している。多様な画風のパッケージは、尾道市に暮らす作家さんたちの作品。贈る相手に合わせて絵柄を選びたい。すっきりした後味の「ガーナ」やピーチフレーバーの「ハイチ」、ハーブのようなフレーバーの「トリニダード・トバゴ」など種類も豊富。
●1枚／本体700円 ●USHIO CHOCOLATL（ウシオチョコラトル）

選んで楽しいパッケージ

周南市の店舗は昭和の洋館

牛乳で割るだけで本格的な味が完成

ナギサ珈琲店のカフェオーレ

地元で評判の「ナギサ珈琲店」の人気メニュー「船乗りオーレ」。家庭でも手軽に楽しめるようにと誕生したカフェオレベースで、自家焙煎豆を丁寧に抽出して作られている。カフェオレベース1に牛乳5の割合で希釈。1瓶で何倍もおいしくカフェオーレを飲めるのもうれしい。瓶のほか、パックで売られているリキッドコーヒー「100年珈琲＃5」（600円）や「786デカフェ コロンビア」（640円）など種類もいろいろ。
●720ml／本体1,300円 ●徳山コーヒーボーイ

野菜や果物、スパイスなどの旨味(うまみ)がとろり

カギ印中濃カレーソース

下関(しものせき)に住む姉を訪ねたときにスーパーで発見した、スパイシーなカレー風味のソース。昭和時代の喫茶店では、必ずカレーの香りが漂っていたことにヒントを得て開発した。玉ねぎ、にんじん、リンゴ、トマト、セロリなど今では珍しくなった生野菜を原料にしてソースを作るメーカーが、クミン、コリアンダー、ターメリックなどカレーに使用するスパイスをブレンド。ほどよくピリ辛。千切りキャベツや目玉焼きに合い、日常的に活用できる。

●300ml／本体389円 ●勝俣商会

山口

スパイシーな
カレー風味

「おいしくな〜れ」の魔法をかけて

まほうだし、まほうつゆ

もともとこちらが作るレモンティーが好きで、ほかの食材も味わうように。だしは、羅臼産昆布とかつおの懐石白だし。毎日の料理の隠し味として活躍。つゆは、かつおがたっぷり入った4倍濃縮タイプ。その名の通り魔法のように、誰でもおいしくごはんが作れる万能調味料。江戸時代創業の山口県防府市の歴史がある小さな醸造所が作り、ほかにも「ひよこ豆みそ」や「熟成塩レモン」などさまざまなおいしさの素に出会える。

● まほうだし 360ml ／本体450円、まほうつゆ 360ml ／本体410円
● 光浦醸造工業

福沢諭吉が伝えた伝統の味

夏みかんマーマレード

創業1858年、夏みかんのお菓子をさまざまに作る老舗（しにせ）の味。誕生のきっかけは、明治26年に福沢諭吉が萩の友人に手紙でマーマレードの作り方を教えたこと。それをもとに試作を重ね、さらりとした口あたりが完成した。缶の中には、萩の夏みかんの皮と実が両方入っていて風味が豊か。パンはもちろん、紅茶やヨーグルトにもよく合う。大正時代から手作りされる「夏蜜柑丸漬（ぼ）」も名物。

●370g／本体750円、化粧箱入り／本体850円 ●光國（みつくに）本店

山口

夏みかん菓子の
専門店の味

コラム 7

おみやげの思い出

私のおみやげ好きは、幼いころから。

出張のたび、父が買ってきてくれるおみやげを心待ちにしていた。

仕事に向かう父を玄関で見送り、「おみやげ忘れないでね」と大きく手を振る。父が帰ってくる日の夜は、まだかまだかとソワソワ。そんな娘の気持ちを知ってか、父はいつも「ただいま〜」と言いながら、靴も脱がぬうちにおみやげを手渡してくれた。

父からもらったおみやげは、すべてが宝物。そのいくつかは、今でも大事に持ち続けている。

実家暮らしのころは、おみやげをも

らうばかりでいたが、大学生になってからは、渡す喜びを覚えた。きっかけは実にひょんなこと。

当時、大阪に住んでいた私は、カップ麺のだしが、東と西では違うことを耳にして、静岡に帰省した際、大量に買って帰り、おみやげとして友だちに配った。するとみな大喜び。スーパーで手頃に買えるものでも、こんなふうに珍しがってもらえるのだとうれしくなり、今度は大阪の食材をせっせと地元に持ち帰った。

場所が変われば味も変わる。旅先では発見の連続だ。

164

四国地方
の
かわいい
おみやげ

赤いマフラーの猫が目印

水だしコーヒー、ショウガトウ

自家焙煎の人気コーヒー豆屋が作る「水だしコーヒー」と「ショウガトウ」。「水だしコーヒー」は、煎りたて挽きたての豆をすぐにパックしたもの。麦茶を作るような手順で本格的なコーヒーを味わえる。四国の名産・高知の生姜と寒天を使った「ショウガトウ」は、そのままでもおいしいが、夏場は冷やして食べるとさらに美味。コーヒーのおともになるようなお菓子を目指して作られているから、意外にも苦味と合う。
●水だしコーヒー 5パック／本体1,300円、ショウガトウ 90g／本体800円 ●プシプシーナ珈琲

店名はムーミン作者の猫の名

武士の安全を祈願して作られた「武道餅」

ぶどう餅

あずきのこし餡を丸め、薄皮で包んで蒸したお菓子。戦国時代に武士の安全を祈って作られたのがはじまりで、昔は「武道餅」と書いたが、形がぶどうの実に似ているので「ぶどう餅」になったそう。「ぶどう餅」自体はいろいろなお店が作っているけれど、巴堂のは、お餅がやわらかくて格別。画家の和田邦坊さんがデザインした堂々と迫力のあるパッケージも好ましい。

●5本入り／本体450円 ●巴堂

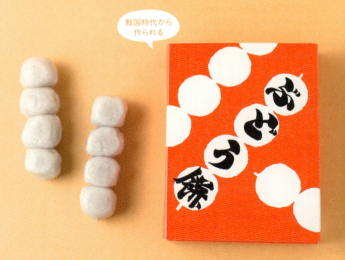

戦国時代から作られる

讃岐特産の糖を使ったすっきりした甘み

さぬきの珈琲屋さんのカフェオレベース

ゆるっと和むラベルもチャームポイントのカフェオレベース。香川県生まれの希少糖を含んだシロップ「レアシュガースウィート」を使用。すっきりした甘さとコーヒーならではのコクがあり、カロリーも低く、健康志向の方へのおみやげにも。牛乳のほか、豆乳で割って飲んでもおいしい。冬は温めたり、夏はアイスクリームにかけたりとアレンジを。

- 600ml／本体1,204円
- 焙煎元 和樂

夏は冷たく
冬は温かく

乾麺だから
保存も安心
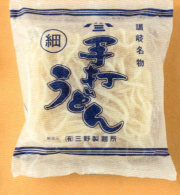

喉越しよし！ 絶妙なコシは讃岐ならでは

乾燥讃岐手打うどん　細めん

その日の温度、湿度、素材の状態に応じて水加減や練り具合を調整して作る、こだわりの手打ちうどん。コシがあってきめ細かで、旨味がぎゅっと詰まった讃岐うどんをいつでも手軽に楽しめる。子どもでも安心して食べられるように、保存料や添加物は不使用。香川旅行で、おみやげに持ち帰りやすいうどんを探すなか、出会うことができた。

●1袋（140g×2玉）／本体241円　●三野製麺所

体へのやさしさを追求! 新感覚ビスケット

おこめケット プレーン

中にあられが入ったお米のビスケット。国産の米粉を100%使用し、小麦粉・卵・乳製品を排除。体に負担がかかる上白糖や動物性油脂も使わず、植物性の原材料のみを使用しているそう。米粉ならではの口溶けのよさの中に、あられのカリッとした食感が。さりげなくお米の形になっているところも愛らしい。値段も手頃で気負いなくおみやげに配れる。

●5枚入り／本体230円 ●禾(のぎ)

クラシックやジャズを聞かせて作る

パン豆

愛媛県の東予地方では、米を使って作ったポン菓子のことを「パン豆」と呼ぶ。米に圧力をかけて弾ける際に、「パン」と音がするからそう呼ばれるそう。特にこの地域では結婚式に配る風習があり、めでたいお菓子として親しまれる。味は、「伊予柑」「キャラメルナッツ」「玄米きび砂糖」のほか季節限定品なども。古民家を用いたパン豆製造所では作業工程を見学できる。

●100g／本体400円 ●パン豆のひなのや

地元では引き出物の定番

まるで果実を
丸かじりしたよう

みかん伊予柑ジュース

愛媛といえば、やっぱりみかんジュース。その分、どれを選ぶのかはとても重要。こちらのジュースは、「温州みかん果汁9：伊予柑果汁1」の割合でブレンドしていて、風味が濃いのに後味はすっきり。農薬や化学肥料に頼らず、除草剤も一切使わず、すべて人の手で作ったみかんを使う。ラベルのデザインも美しい。

●720ml／本体750円 ●無茶々園(むちゃちゃえん)

無添加なので
安心、安全

包み紙は松本紅白デザイン

日本三大銅山のひとつで生まれた、昔ながらの味

別子飴(べっしあめ)

銅釜で水飴を炊き上げた、やわらかい飴。名前の由来は、愛媛県新居浜(いはま)市にある日本三大銅山「別子銅山」。包み紙によって味は異なり、みかん、ココア、いちご、ピーナッツ、抹茶の5種類。箱にぎっしり詰まっているので職場へのおみやげにぴったり。自分で数個ずつ袋に詰めて配っても。箱入りのほか、袋入りでも販売。
●箱入り(360g)／本体1,000円 ●別子飴本舗

和×オランダのパッケージがかわいい

柚・栗タルトセット

愛媛県人にとって「タルト」は、カステラ生地で餡をロール状に巻いたお菓子のこと。もともと切れ目が入っているから包丁でカットする手間がかからず、パクリと食べられる。オランダ人と侍が描かれたパッケージも印象的。ほかに「坊ちゃん団子」も松山らしいおみやげ。
●11切れ×2本／本体1,200円　●亀井製菓

南極観測船でも活躍した油あげ

松山あげ　きざみ

今や自宅に常備するほど大好物の油あげ。遺伝子組み換えされていない大豆と良質の菜種油が主原料で、中までしっかり揚げてあるので、常温でも賞味期限は90日でおみやげ向き。食感はお麩(ふ)のようでとろける。お味噌汁、炊き込みごはん、鍋、煮物など、多様な料理に活用できる。南極観測船「宗谷」のキッチンでも活躍したそう。

●45g／本体200円　●程野商店

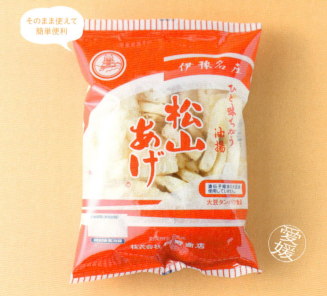

徳島に行ったら
ぜひ寄りたい

「コーヒーの絵本」の作者の味

aalto coffee　コーヒー豆（ブレンド）
アアルト　コーヒー

袋を開けると豆の香りがふんわり漂う。徳島県は一人あたりのコーヒー豆の使用量が日本一で、コーヒーショップが多い。そんな中「aalto coffee」は店主が本を出版したり、コーヒー教室を開いたり、コーヒーが日々の暮らしに根づくよう活動を行う。コーヒーは、酸味と苦味のある豆をバランスよくブレンドして、すっきりした味わいに。

●200g／本体834円 ●aalto coffee

色とりどりの和風マカロン

創作和菓子　遊山(ゆさん)

一見マカロンのようだけど、食感はしっとり、ふんわり。伝統的和菓子の「浮島」の技法を使って、カステラに似た食感を生み出している。カラフルな色みにどこか懐かしさを覚えるのは、日本伝統の五節句をモチーフにしているから。ゆず、すだち、ヤマモモなど、四季折々の恵みを色に託して表現している。
●7個入り／本体2,000円 ● 茜庵(あかねあん)

旧暦の亥の日にふるまわれた駄菓子

亥の子菓子

麦の粉と黒砂糖を使った、昔ながらの素朴な駄菓子。昔、旧暦10月の亥の日に催される収穫祭の供え物として子どもたちにふるまわれていたそう。ほんのりやわらかく、やさしい甘さ。今ほど食べ物が豊かではない時代から作られているお菓子。口に入れると懐かしい気持ちが胸に広がる。

●130g／430円（税込）●島尾菓子店

低温乾燥だから
みずみずしい風味が凝縮

さくらんぼいちごスライス

もぎたての「さくらんぼいちご」のおいしさをぎゅっと閉じ込めたドライフルーツ。約9mmにスライスしたいちごを、48度以下の低温で2日間かけて乾燥させると、薄さはなんと約1mmに。凝縮した風味が溶け出すように広がり、ほっぺたがよろこぶ。ヨーグルトやアイス、紅茶などに入れたり、スコーンやロールケーキの生地に練り込んでも。
●15g／本体600円　●ミカモフレテック（さくらんぼいちご工房）

徳島

瓶入り
ジャムもあり

花束を贈るようにクッキーを

お花畑クッキー

食用ハーブの専門農家がハーブの花や葉を1枚ずつ手で貼って焼き上げるクッキー。まるで本物の花束を受け取るような感動と喜びが。手作りだからひとつとして同じものはなく、そのときどきの旬の花をあしらっているから季節感も感じられる。ざらめを含んだ生地は、ざくざくとした歯ごたえで、ハーブの香りが鼻をくすぐる。
●2個入り／本体300円 ●アットイーズまるふく農園

枕サイズの袋にぎっしり

ミレーの枕

高知県で愛されて60年。小麦粉や砂糖などシンプルな材料で作られ、食べ始めると止まらない。商品名に「枕」がつくのは、子どもの枕サイズだから。袋には「くれぐれも枕には使わないでネ!!」と注意書きが。お子さんのいる友人のおみやげに。

●800g／950〜1,000円 ●野村煎豆加工店

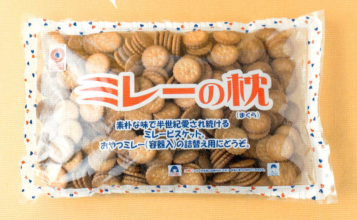

ビールなどお酒にも合う

花を愛してやまない博士からの贈り物

ハナトコイシテ

日本の植物学の第一人者で、キスをしてしまうくらい花を愛する牧野富太郎博士の生誕150周年を記念して作られた特別純米酒。お酒の名前は、博士の詩「草をしとねに 木の根を枕 花と恋して」から命名。「ハナトコイシテ」の文字は博士の筆跡を寄せ集めたもの。花のような香りを宿し、すっきり飲みやすい。季節の花を添えて贈ってみては。
●360ml／本体830円 ● 司牡丹酒造(つかさぼたんしゅぞう)

渡しやすいミニボトル

四万十川流域の
米粉使用

米粉でできた
サクサク&ほろほろ
クッキー

**にこにこまる
なかよしトリオ**

高知県産のお米「仁井田米（にこまる）」の米粉を使って焼き上げたクッキー。ひと口サイズで、歯に触れただけで崩れるくらいほろほろ。お米の風味が香る「プレーン」、ほんのりアーモンド味の「ショコラ」、いちごのやさしい甘さが広がる「いちご」の3種×3個入り。個包装なので配りやすく、米袋を模したパッケージも愛らしい。
●9個入り／本体500円 ●青柳(あおやぎ)

コラム 8

誰かを思い浮かべる時間

「はい、これおみやげ」。手渡した瞬間、相手のほころぶ顔を見るのが好き。
おみやげを選ぶときは、相手の顔を思い浮かべる。「あの人は甘いものが好きだから」「この人は小さいお子さんがいるから、体にやさしいお菓子にしよう」というように。
気に入ったものを見つけたら、とりあえず買っておき、あとから誰にぴったりか考えることもある。
旅先の夜の恒例行事は、購入したものをずらりとベッドに並べて、眺めること。このひと時がたまらなく幸せだ。「これは誰にあげようかな」と、メモに書き出すのも楽しい。
おみやげを選ぶことは、大切な誰かを思う時間。土地土地の名物を求めることは私の趣味でもあるから、おみやげを渡すのは、何より自分が一番楽しい。私はおみやげを探すため、旅に出ているのかもしれない。
誰かが言った「家に帰るまでが旅」という言葉。私の場合は、「おみやげを渡すまでが旅」なのだ。

九州地方・沖縄のかわいいおみやげ

朝が来るのが待ちどおしくなる

ベーシックグラノーラ

東京のジューススタンドとして出発し、今では福岡市の薬加工所内にイートインスペースを構えるようになったショップの大人気グラノーラ。オート麦、ドライレーズン、ココナッツフレーク、はちみつなどシンプルな素材をバランスよくブレンドしているから、毎日飽きずに食べられる。写真左・別売りの保存缶（2,000円）とともに。
●80g／本体480円 ●FRUCTUS（フラクタス）

缶とセットで
おみやげに

ロシア料理専門店のスープ

ロシアンスープ　ボルシチ

北九州空港で見かけ、レトロなラベルに惹かれて購入。缶の中には、牛骨、牛筋肉、牛肉などのほか、玉ねぎ、にんじん、セロリなど野菜もたっぷり。鍋に入れて水と一緒に煮るだけで、ロシアの家庭料理のボルシチが手軽に味わえる。そのまま食べるのはもちろん、ごはんを混ぜておかゆ風にしても。

● 450g／本体712円　● ツンドラ

うっとり甘美な
コーヒーの味

中味ブレンド

「珈琲美美」は、器や家具も端麗なクラシカルな喫茶店。ゆっくり湯を注ぎ、丁寧にコーヒーを淹れるご主人の姿を見ていると「大切な1杯を、ゆっくり味わおう」と背筋が伸びる。「中味ブレンド」は甘味、酸味、コク、苦味などを季節に合わせて吟味した「美美」の代表的な商品。私はよく福岡を旅する人にお願いしている。

●100g／本体695円　●珈琲美美

公園近くの喫茶まで

100％福岡県産！ 元気になれる甘酒

にじいろ甘酒

糀（こうじ）で作った甘酒は、江戸時代から健康のために飲まれていた伝統的な発酵飲料。飲むと元気になれるので、忙しい友人に差し出したい。原材料がすべて福岡県産で無添加、アルコールゼロ、砂糖不使用。まろやかな味わいで、見た目も美しい。定番は「発芽玄米」「くろ米」「米糀」「八女抹茶」の4種類。このほか、季節によってラインナップが変わる。

●発芽玄米／本体600円、くろ米／本体600円、米糀／本体500円／八女抹茶／本体700円 各320g ●浦野（うらの）醬油（しょうゆ）醸造元

お祝いとしても

大切な人に贈りたい「真実の愛」

マーガレット・ダ・マンド

佐賀銘菓「丸芳露(まるぼうろ)」で知られる「北島」で目にとまった、マーガレットの形のケーキ。小麦粉は少なめでアーモンド粉をたっぷり使って焼いているので、中身の密度(みつど)が濃くて贅沢な味わい。マーガレットの花言葉は「真実の愛」。ロマンチックな贈り物にぴったり。サイズは約17cm。賞味期限は常温で10日間。

●1個／本体2,300円 ●丸芳露本舗 北島

九州の小京都、小城の味

佐賀

昭和の「サイダー全盛期」の味

スワンサイダー(復刻版)

昭和初期からのラベルを用いた復刻版。口に含むと、空気をふんわりため込んだ炭酸がシュワシュワッと弾け、消え入るように繊細な気泡が口の中をくすぐる。上質なグラニュー糖を使っているから品のよい甘さ。手のひらサイズの小さな瓶もあって、おみやげにちょうどいい。
●30ml／本体200円 ●友桝飲料

まんじゅうで「古伊万里(こいまり)」を表現

伊万里焼饅頭

佐賀の焼き物「古伊万里」をイメージして作られたまんじゅう。カステラ生地の表面に砂糖蜜を使用。わざわざひび割れ模様を作り、焼き物の技法「ひび焼き」を表現。この技術を確立するのに2年間かかったそう。中身は黄身餡(あん)が入り、まんじゅうの周りには陶器のような図柄のセロファンが巻かれている。美しい逸品。

●8個入り／本体909円 ●エトワール・ホリエ

割って驚く、中が空洞の銘菓

佐賀銘菓　逸口香(いっこうこう)

和菓子の中で、作るのがもっとも難しいといわれる貴重なお菓子。小麦粉と麦芽水飴で作られた生地の中は、実は空洞。空洞にするためには手間暇と高い技術を要するので、作れる職人さんはごくわずか。大正12年の創業以来、この道ひと筋の菓子店。サクッとしていて口溶けがよく、黒糖のやさしい甘さが口中に広がる。半分に割り、バニラや抹茶アイスをはさんでもおいしい。

●10個入り／本体637円 ●楠田製菓本舗

黒糖が甘く香る

佐賀

長崎では皿うどんのお供として愛される

金蝶ウスターソース

駅やスーパーでも売られ、地元の人の台所には当たり前のようにあるウスターソース。材料はりんご、トマト、玉ねぎ、にんにくなど。こっくりとフルーティな味わい。皿うどんはもちろんのこと、焼きそば、お好み焼き、チャーハンなど、さまざまな料理の味付けに。中華料理店と作り上げた逸品。
●320g／本体220円　●チョーコー醤油

昭和16年から販売

長崎

包み紙は
河井いづみさん

上品で美しいたたずまいの老舗(しにせ)カステラ

長崎カステラ

大正15年の創業時は、ドイツ窯でカステラを焼いていたそう。そんな歴史のある長崎銘菓。島原産の卵と地元の上質な蜂蜜を使用し、自然の甘味がたっぷり。美しい包装紙は、イラストレーターである店主の娘さんが描いたもの。味は、プレーン、抹茶、黒糖、チョコレートの4種。

●250g／本体1,000円 ●西善製菓舗(にしぜんせいかほ)

ポリポリ、食べる手が止まらない！

うに豆、ラッキーチェリー豆

長崎で、ふとコンビニに立ち寄ったら「ラッキーチェリー豆」を発見。聞きなれない名前に「？」。その正体は、皮をむいたそら豆を油で揚げて、生姜（しょうが）や水飴などと一緒に煮たもの。ほんのり甘くて、つい手が伸びる。「ラッキーチェリー豆」の兄弟分である「うに豆」は、そら豆にウニ衣をからませたもの。お酒のおつまみに好相性。

●うに豆 100g／本体350円、ラッキーチェリー豆 150g／本体350円
●藤田チェリー豆総本店

おつまみにぴったり

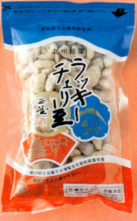

長崎県美術館の限定品

長崎・平戸のお菓子アトリエメイド

長崎県美術館　BISCUI10(ビスケット)

長崎県美術館の開館10周年を記念して作られたビスケット。「長崎ことはじめ」をテーマに、ビスケットを日本に伝えた「南蛮船」や、ポルトガル語のbotaoが語源の「ボタン」、長崎で食文化として栄えた「くじら」など、10の形が箱の中に。まるで食べる芸術品。デザインは、長崎出身の川路あずささん。
- 塩・ココア（上）、塩・プレーン（下）／各10枚入り／各本体690円
- 長崎県美術館ミュージアムショップ

まあるいみかんが8房の最中に

こまちみかん

大分みやげでもらって感動。最中1つ1つがみかんの房の形で、8個合わせてまるい形で箱におさまる。昭和40年代に国東半島の代表銘菓を作るため、島内の菓子店有志が考案したそう。現在は「たまや」でしか手に入らない貴重なお菓子。中身も、白餡にマーマレードを練り込むことで、しっかり餡もみかん風味。

●本体600円 ●アキ食品 たまや

大分

驚きの
みかん風味

移りゆく色が虹のようにはかない

虹色ラムネ

ベニバナやクチナシなど天然のもので色づけをしているから、光に当たると徐々に色が薄れていく。そのはかなさが「虹色」の由来。味は、アップル、レモン、ハワイアンブルー、メロン、グレープ、オレンジ。白い紙コップに注ぐと、淡い色合いが投影されて美しい。みずみずしく弾ける炭酸と、ほのかな甘味が懐かしさを誘う。

●200ml／本体157円 ●まるはら

お醤油屋さんが作る

修道士の手づくり

十字と花がデザインされた修道院のお菓子

トラピストクッキー

「祈り、奉仕する」を信条に修道院の修行の一環として作られているクッキー。修道院のお菓子は全国にいろいろあるけれど、十字と星がデザインされたこちらは格別の愛らしさ。香ばしく焼いたビスケットは、薄くて、ややかため。素朴なバターの味にふーっと気持ちが緩む。小麦粉や砂糖、牛乳などシンプルな材料で作られているから、体にもやさしい。
●小箱（2枚×18包入り）／本体800円　●お告げの聖母トラピスト修道院

ベルベット風の箱

ザビエルの功績をたたえて誕生

南蛮菓　ざびえる

大分県出身の友人に「みのりちゃんが好きそうなお菓子があるよ」と、いただいたのがこちら。豊後の国（現：大分県）を訪れ、小学校や病院を次々に建てたザビエルの功績をたたえて約50年前に誕生したお菓子。純和風の白餡と、ラム酒に漬け込んだレーズンを刻んだ餡がバター風味の皮に包まれている。黒い箱はベルベット風で、遠い昔の異国の情緒を思わせる。

●6個入り／本体600円　●ざびえる本舗

天草の
伝統郷土菓子

鮮やかな桃色のお餅の中には…！

天草名物　あか巻

ロールケーキを求肥餅で包んで巻いた天草の郷土菓子。漁師さんの体力消耗を補う船上食として、戦後間もなく開発されたそう。表面には馬鈴薯でんぷんがふりかけてあるので、お餅の部分はさらっと。むにっとしたやわらかな食感を感じたすぐあと、ロールケーキのスポンジの弾力と、なめらかな餡の風味が重なり合う。ほかにはない唯一の存在感。

●1本／本体500円　●イソップ製菓

手作りなので
全部違う形

牛乳瓶の中に、牛がぎっしり

阿蘇の草原とぶ牛クッキー 仔うし瓶入り

牛の形のクッキーが牛乳瓶の中に。日本で初めて世界味覚機構で三つ星を獲得した「阿蘇牧場の牛乳」をたっぷり使用。卵アレルギーの子どもでも食べられるように卵は使っていないそう。阿蘇の大自然が思い浮かぶ熊本らしいおみやげ。

●68g／本体510円 ●阿部牧場

熊本ラーメンのおいしさをお持ち帰り

おみやげラーメン

ラーメンが郷土食の熊本で、昭和29年創業の有名店「こむらさき」。歴史とおいしさがぎゅっと詰まったラーメンは、もらって嬉しい食べごたえ。とんこつと鶏がら、野菜をじっくり煮込み、余分な脂とアクを丁寧に取り去ったスープは、あっさりしながら深いコクも。わかめやもやし、ねぎなどをのせるとさらに美味。
●2食入り／本体400円 ●こむらさき

熊本

麺は細麺ストレート

> まとめ買い
> するほど大好き

外はサックリ、
中はもっちり

黒糖ドーナツ棒

熊本空港で出会って以来、大好物。さっくりとした食感が小気味いい、長さ8cmほどの棒状の黒糖ドーナツ。揚げ菓子と思えないほど油っこさがなく、品のよい黒糖の後味にフーッと疲れが抜けていく。個包装なので会社などでも配りやすい。
- ●12本入り／本体400円
- ●フジバンビ

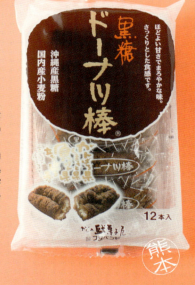

人間国宝がデザインした美しいラベル

ろくちょうし 赤

ラベルをデザインしたのは人間国宝の染色家・芹沢銈介(けいすけ)さん。私はお酒に明るくないので、おみやげとして選ぶとき、デザイン、名前、由来や歴史を基準にすることが多い。こちらは、10年以上樫(かし)たるで熟成し、芳醇(ほうじゅん)な味のふくらみを感じられる焼酎。民芸好きの人に贈りたい。

●720ml／本体3,003円 ●六調子酒造

500年の歴史ある蔵

大正時代に薬剤師が作った「元祖ふりかけ」

御飯の友

食糧が不足していた大正時代に、人々のカルシウム不足を補うため「魚を骨ごと砕いておいしく味つけをして、ごはんにかけて食べる」と薬剤師さんが考案したのがはじまりで、ふりかけの元祖と言われている。こんな物語を添えて手渡したら、うれしさも倍に。ロングセラーの袋入りのほか、復刻版の八角瓶（500円）もあり。毛筆で書いたような「ふりかけ」の字体も好き。

●28g／本体110円 ●フタバ

熊本

全国ふりかけ協会から認定

愛が詰まった国産初の乳性炭酸飲料

スコールホワイト、スコールマンゴー

昭和47年に国産初の乳性炭酸飲料として誕生。当時の社長が牛乳と炭酸飲料をこぼしてしまったとき「牛乳嫌いの子どもたちも炭酸と組み合わせれば、飲むようになるのでは」と閃いて開発したそう。キャッチフレーズは「愛のスコール」で、「愛」は子どもや酪農への愛を表し、「スコール」はデンマークの言葉で「乾杯」の意味。マンゴー味の「スコールマンゴー」も人気。
●スコールホワイト 250ml／オープン価格、スコールマンゴー 500ml／本体140円 ●南日本酪農協同

昭和47年生まれ

宮崎

208

宮崎県を代表する焼き肉のたれ

戸村の焼肉のタレ

宮崎県で「焼き肉のたれ」といえばこちら。新鮮なりんごとバナナをたっぷり使い、濃厚でフルーティな味。焼き肉はもちろん、カレーやチャーハンなどさまざまな料理に合う万能さ。人の手によって釜でじっくり炊き上げられているので大量生産はできないそう。肉の漬けだれとして使用していたものを、お客さまの要望で売り出したのがはじまり。

●200g／266円（税込）●戸村フーズ

宮崎

昭和40年創業の
精肉店の味

宮崎で人気の「チーズ饅頭」の元祖

元祖 伊藤社長のチーズ饅頭

今では、宮崎のあちらこちらで作られているチーズ饅頭の元祖。チーズの塩気がまんじゅうの生地と意外なほど好相性で、後を引く。焼き立てはサクサクで、翌日はしっとり。電子レンジで1分ほど温めると、チーズがとろけてさらに美味。

- 10個入り／本体1,260円
- 風月堂

昭和61年
伊藤社長が考案

210

パプリカの
自然の色

野菜の自然の色が美しい
大地の恵みが詰まったゼリー

パプリカゼリー

宮崎県五ヶ瀬町・標高約700ｍの地で育った甘いフルーツパプリカを使って作られたゼリー。鮮やかな色は、パプリカの素材を生かしたもの。中身をお皿に移すとさらにきれい。苦味の少ない、さっぱりまろやかな味なので野菜嫌いの子どもでも食べやすい。おやつとしてはもちろん、サラダにトッピングしても。いつものサラダが新鮮な味。
●2個セット（80ｇ×2個）／本体460円 ●霧立山地・ごかせ農園

人気の味が4種類

パッケージまで愛らしい郷土菓子

ふくれ菓子　おためしセット

「ふくれ」は、小麦粉と砂糖と重曹を混ぜて、せいろでふっくら蒸し上げたお菓子で、地元では「おばあちゃんの味」として親しまれている。それを現代風にアレンジしたのがこちら。黒糖や黒ゴマ、桜島小みかんなど昔ながらの素朴な素材を使って、かわいらしく仕上げている。まさに郷土の特色と見た目のかわいさがそろった完璧なおみやげ。しっとり、もっちりした食感もクセになる。
●ふくれ4種類入り／2,480円（税込）●FUKU+RE

雑貨屋併設の珈琲自家焙煎店

カフェオレベース、テ・オレベース

友だちから手みやげにもらったのが出会い。牛乳を注ぐだけでカフェオレとティーオレが簡単に作れるから、お取り寄せをして自分用にしたり、プレゼントしたり。長らくお世話になっている。「カフェオレベース」はブラジルのnest coffee契約農家のシングルオリジン。無添加だから、安心してごくごくと。「テ・オレベース」はベルガモット風味。
●カフェオレベース（加糖タイプ）720ml／本体1,200円、テ・オレベース 500ml／本体1,100円 ●nest coffee

ソマ（そば）＋ アーモンド ＝ ソマモンド

ソマモンド

地元の方言で「そば」を「ソマ」と言い、アーモンドを主原料にしているから「ソマ＋アーモンド」で「ソマモンド」。ひとつひとつ手作りだから大きさが微妙に異なり、ちょっと不格好なところがかえって愛らしい。ほろっと崩れるような食感で、甘さはひかえめ。箱には鳥の絵が。
●12個入り／本体778円 ●あじのふるさと館

鹿児島の「新」銘菓

溶けないしろくま

鹿児島を代表する2つの銘菓が融合

かるかん　しろくま

「軽羹」とは、米粉のかるかん粉、砂糖、山いもに水を加えて蒸したお菓子で、鹿児島ではおなじみの銘菓。かき氷にいろいろなフルーツをトッピングした「しろくま」も、鹿児島中の喫茶店で味わえる郷土のおやつ。そのふたつが融合したのがこちら。かるかんにドライフルーツを混ぜ込み彩りもよく、やさしい口当たり。

●6個入り／本体1,000円　●かごしま旅の駅 魔猿城

幸せを想起させる鳥は贈り物にぴったり

しあわせはこぶとりサブレ

沖縄のフルーツタルト専門店が、タルト生地を使って作っているサブレ。かわいい鳥はサクサクの食感。味は、バターの香りがふんわり広がる「プレーン」、濃厚なココアパウダーを使った「ショコラ」、カナダ産のメープルシュガーをたっぷり使った「メイプル」の3種類。那覇空港などで買える。

●9枚入り／本体1,080円 ●オハコルテ

ふわっと溶ける不思議なチップス

天使のはね

初めて食べる人は驚きを隠せない。口に入れると、ふわっと溶ける不思議な食感の塩味のチップス。一度食べて入れ込んでしまい、沖縄へ旅する人に頼んで買ってきてもらうほど。おにぎりに混ぜたり、意外と料理にもアレンジできる。
●35g／オープン価格（200～250円）●丸吉塩せんべい

手触りもふわっふわ

南国バナナ味!
食べごたえあり!

沖縄

どっしりしたおおらかさが沖縄らしい

バナナケーキ

どこか懐かしさを覚えるパッケージに惹かれて、那覇空港のおみやげ店で購入。しっとりした生地には生バナナが濃厚に練り込まれて、表面にはクルミをトッピング。バナナの味わいが濃くて、かなり食べ応えのある味。どっしり、たっぷり、大ぶりで、ひとつ買えば、家族みんなで大満足。

●400g／本体667円 ●ジミー

南国の恵みが口中に広がるバター

沖縄のパッションフルーツバター

沖縄の恵みと知恵を日々の生活に取り入れていくブランド「琉Q」のブランドのフルーツバター。100％沖縄産のパッションフルーツとバターが相まって、しっかり甘く、ちゃんと酸っぱい。パンに塗るのはもちろん、クッキーの上にのせて食べるとレアチーズケーキのよう。パッションフルーツの種のプチプチとした食感もアクセント。
●70g／本体980円 ●一般財団法人沖縄県セルプセンター

小ぶりの瓶で
おみやげ向き

おわりに

乗り物の切符。美術館の入場券。地元の新聞。拾った葉っぱ……。旅先から持ち帰ったものは、きっとどんなものでも、おみやげと言えるでしょう。

おみやげは、思い出のかけら。旅の記憶のおすそわけ。そして、人と人をつなぐもの。

ふだん、自分ではなかなか選ばないものをおみやげにいただき、それから好物になったものもたくさん。おみやげには、思いがけない出会いもあります。

友人の顔を思い浮かべながら旅先で選んだものをすぐに手渡したくて、帰り道にそのまま友人の住まいへ立ち寄り、手渡しながらおしゃべりする

こともしばしば。

初めて知り合う人とも、地元の特産品や名産品の話をすると、すぐに打ち解けることができます。

おみやげによって、私は土地や人とのつながりが、ぐんと広がりました。

最後になりましたが、今回、掲載に快くご協力くださいました各店舗の方々に、心からお礼申し上げます。ありがとうございました。

この本を読んでくださったみなさまに、おみやげとの楽しい出会いがありますように。そう願いながら、私自身もまた新たなおみやげの旅に出よ
うと思います。

甲斐みのり

❶御飯の友　❷フタバ　❸熊本県熊本市西区島崎2-9-8　❹096-356-3488　❺鶴屋百貨店、ふたば苑、スーパーなど　❻可　❼http://www.gohannotomo.co.jp/

宮崎

❶スコールホワイト、スコールマンゴー　❷南日本酪農協同　❸宮崎県都城市姫城町32街区3号　❹0986-23-3456　❺宮崎空港、道の駅、コンビニ、スーパーなど　❻可　❼http://www.dairy-milk.co.jp/

❶戸村の焼肉のタレ　❷戸村フーズ　❸宮崎県日南市大字東弁分乙345-7　❹0987-22-2456　❺宮崎空港、スーパー、新宿みやざき館KONNE（東京）など　❻可　❼http://www.tomura.com/

❶元祖 伊藤社長のチーズ饅頭　❷風月堂　❸宮崎県小林市大字細野281-11　❹0984-22-2987　❺上記店舗、スイートアリス小林店、宮崎駅キヨスク、宮崎空港JALショップ　❻可　❼http://fugetudo.com/

❶パプリカゼリー　❷霧立山地・ごかせ農園　❸宮崎県西臼杵郡五ヶ瀬町大字鞍岡3929-3　❹0982-83-2700　❺上記住所（直売）、宮崎空港、道の駅など　❻可　❼なし

鹿児島

❶ふくれ菓子おためしセット　❷FUKU＋RE　❸鹿児島県鹿児島市名山町2-1 レトロフトチトセ2F　❹099-210-7447　❺上記店舗のみ　❻可　❼http://www.fukure.com/

❶カフェオレベース（加糖タイプ）、テ・オレベース　❷nest coffee　❸鹿児島県鹿児島市中山町2039-1　❹099-260-4091　❺上記店舗、D&DEPARTMENT鹿児島　❻可　❼http://nest.ocnk.net/

❶ソマモンド　❷あじのふるさと館　❸鹿児島県日置市吹上町永吉8159　❹099-299-3570　❺上記店舗、吹上砂丘荘、日置市観光案内所　❻可　❼http://www.f-yokamon.com/omoidekan/02_1/

❶かるかん　しろくま　❷かごしま旅の駅 魔猿城　❸鹿児島県鹿児島市七ツ島1-5-1　❹099-297-6711　❺上記店舗、イオン姶良店 元祖お土産処魔猿屋　❻可　❼http://www.masarujo.jp/

沖縄

❶しあわせはこぶとりサブレ　❷オハコルテ　❸沖縄県那覇市泉崎1-4-10 喜納ビル2F　❹098-868-5657　❺上記店舗（泉崎店）、那覇空港、港川本店など　❻可　❼http://www.ohacorte.com/

❶天使のはね　❷丸吉塩せんべい　❸沖縄県那覇市繁多川4-11-9　❹098-854-9017　❺上記店舗、スーパーなど　❻可　❼なし

❶バナナケーキ　❷ジミー　❸沖縄県宜野湾市大山7-2-20　❹0120-012-575　❺ジミー各店、空港店など　❻可　❼http://jimmys.co.jp/

❶沖縄のパッションフルーツバター　❷一般財団法人沖縄県セルプセンター　❸沖縄県那覇市首里石嶺町4-373-1　❹098-882-5663　❺デパートリウボウ、那覇空港など　❻可　❼http://shop.ruq.jp

バーなど　❻可　❼http://www.choko.co.jp/

❶長崎カステラ　❷西善製菓舗　❸長崎県島原市有明町大三東丁162-2　❹0957-68-0136　❺上記店舗、百貨店（期間限定）など　❻可　※電話・FAXでのお取り寄せのみ　❼http://nishizen.main.jp/

❶うに豆、ラッキーチェリー豆　❷藤田チェリー豆総本店　❸長崎県島原市新湊2-1708-1　❹0957-62-3217　❺上記店舗、長崎空港、土産物店、髙島屋、阪急百貨店、三越など　❻可　❼http://www.fujita-cherrymame.com/

❶長崎県美術館 BISCUI10　❷長崎県美術館ミュージアムショップ　❸長崎県長崎市出島町2-1　❹095-833-2110　❺上記店舗のみ　❻可　❼http://www.nagasaki-museum.jp/

大分

❶こまちみかん　❷アキ食品 たまや　❸大分県東市安岐町下原1375-1　❹0978-67-1948　❺大分空港売店 旅人、トキハデパート大分本店、トキハデパートわさだ店　❻可　❼なし

❶虹色ラムネ　❷まるはら　❸大分県日田市中本町5-4　❹0973-23-4145　❺上記店舗、道の駅など　❻可　❼http://www.soysauce.co.jp

❶トラピストクッキー小箱　❷お告げの聖母トラピスト修道院　❸大分県速見郡日出町大字南畑3350-7　❹0977-67-5223　❺別府駅 ビーパッサージュ、亀の井別荘 鍵屋、大分自動車別府湾SA上下線など　❻可　❼http://www.

coara.or.jp/~trappist/

❶南蛮菓ざびえる　❷ざびえる本舗　❸大分県大分市大分流通業務団地1-3-11　❹097-524-2167　❺トキハ各店、トキハインダストリー各店、JR九州リテール 大分支店、大分空港、別府湾SAなど　❻可　❼http://www.zabieru.com/

熊本

❶天草名物　あか巻　❷イソップ製菓　❸熊本県天草市志柿町2713　❹0969-23-2185　❺上記住所（直売店）など　❻可　❼http://isoppu.co.jp/

❶阿蘇の草原とぶ牛クッキー 仔うし瓶入り　❷阿部牧場　❸熊本県阿蘇市三久保47-1　❹0967-32-0565　❺道の駅 阿蘇、あそ望の郷くぎの、桜馬場城彩苑 菊屋　❻可　❼http://www.aso.ne.jp/abe-farm/

❶おみやげラーメン　❷こむらさき　❸熊本県熊本市中央区上通町8-16　❹096-325-8972　❺上記店舗（上通中央店）、鶴屋百貨店熊本空港店、鶴屋百貨店BIFふるさと屋など　❻可　❼http://www.komurasaki.com/

❶黒糖ドーナツ棒　❷フジバンビ　❸熊本県熊本市北区四方寄町1445-1　❹096-245-5350　❺熊本駅、熊本空港、鶴屋百貨店、北熊本SA、宮原SAなど　❻可　❼http://www.fujibambi.com/

❶ろくちょうし　赤　❷六調子酒造　❸熊本県球磨郡錦町西1013　❹0966-38-1130　❺上記住所、酒販店、成城石井、銀座熊本館（東京）、池袋西武百貨店（東京）など　❻可　❼なし　※2016年年末に開設予定

❶ミレーの枕　❷野村煎豆加工店　❸高知県高知市大津乙1910-3　❹088-866-2261　❺高知駅、高知竜馬空港、ひろめ市場、土産物店、まるごと高知（東京）など　❻可　❼http://www.nomura-net.co.jp/

❶ハナトコイシテ　❷司牡丹酒造　❸高知県高岡郡佐川町甲1299　❹0889-22-1211　❺上記店舗、高知県立牧野植物園 ショップ、伊勢屋鈴木商店（東京）、まるごと高知（東京）など　❻可　❼http://www.tsukasabotan.co.jp

❶にこにこまる　なかよしトリオ　❷青柳　❸高知県高知市大津乙1741　❹088-866-2389　❺青柳各店、高知竜馬空港、高知駅など　❻可　❼http://www.tosa-aoyagi.com

九州地方・沖縄

福岡

❶ベーシックグラノーラ　❷FRUCTUS　❸福岡県福岡市中央区薬院1-6-33　❹092-731-8040　❺上記店舗、DEAN&DELUCA、松屋銀座店（東京）など　❻可　❼http://fructus.jp/

❶ロシアンスープ　ボルシチ　❷ツンドラ　❸福岡県福岡市中央区大名2-7-11　❹092-751-7028　❺上記店舗、福岡パルコ、博多阪急銘品コーナー、ユメタウン、ボンラパス、ハローデイ、北野エース、AKOMEYA TOKYO（東京）など　❻可　❼なし

❶中味ブレンド　❷珈琲美美　❸福岡県福岡市中央区赤坂2-6-27　❹092-713-6024　❺上記店舗のみ　❻可　❼

http://www.cafebimi.com

❶にじいろ甘酒　❷浦野醤油醸造元　❸福岡県豊前市八屋町1341-1　❹0979-83-2326　❺博多マルイ、里山商会　❻可　❼http://www.urano-shoyu.jp/

佐賀

❶マーガレット・ダ・マンド　❷丸芳露本舗 北島　❸佐賀県佐賀市白山2-2-5　❹0952-26-4161　❺上記店舗、JR佐賀駅店、佐賀駅北口店など　❻可　❼http://www.marubolo.com/

❶スワンサイダー（復刻版）　❷友桝飲料　❸佐賀県小城市小城町岩蔵2575-3　❹0952-72-5588　❺上記住所（工場直売所）、駅、土産物店など　❻可　❼https://www.tomomasu.co.jp/main/1.html

❶伊万里焼饅頭　❷エトワール・ホリエ　❸佐賀県伊万里市伊万里町甲585　❹0955-23-1515　❺上記店舗、南支店、土井町支店、福岡三越、道の駅 松浦の里など　❻可　❼http://www.etoile-horie.com/index.html

❶佐賀銘菓 逸口香　❷楠田製菓本舗　❸佐賀県嬉野市塩田町久間乙3363　❹0954-66-2315　❺上記店舗、佐賀玉屋、和泉式部の里、塩田町特産物直売所、佐賀空港一番館　❻可　❼http://www.kusudaseika1923.com/

長崎

❶金蝶ウスターソース　❷チョーコー醤油　❸長崎県長崎市西坂町2-7　❹0120-040-500　❺アミュプラザ長崎、DRAGON Deli、長崎新地中華街、スー

224

❶乾燥讃岐手打うどん　細めん　❷三野製麺所　❸香川県高松市香川町浅野952-2　❹087-879-4691　❺上記店舗、かがわ物産館　栗林庵、まちのシューレ963、machi・kara、香川・愛媛　せとうち旬彩館（東京）など　❻可　❼http://www.minoseimen.co.jp/

❶おこめケット　プレーン　❷禾　❸香川県高松市庵屋町10-4　❹087-802-3431　❺高松三越食品売場、四国ショップ88、道の駅　滝宮、高松自動車道府中湖PA下り、まちのシューレ963など　❻可　❼http://nogi-info.com

愛 媛

❶パン豆　❷パン豆のひなのや　壬生川駅前店　❸愛媛県西条市三津屋南11-8　❹0898-35-5628　❺上記店舗、日本百貨店（東京）、TODAY'S SPECIAL渋谷ヒカリエ店（東京）、丸の内JPタワー KITTE 中川政七商店（東京）など　❻可　❼http://hinanoya.co.jp

❶みかん伊予柑ジュース　❷無茶々園　❸愛媛県西予市明浜町狩浜2-1350　❹0894-65-1417　❺上記住所など　❻可　※電話、FAX、郵便、メール、ホームページで注文受付　❼http://www.muchachaen.jp/

❶別子飴　❷別子飴本舗　❸愛媛県新居浜市郷2-6-5　❹0897-45-1080　❺上記店舗、スーパー、土産物店など　❻可　❼http://www.be-ame.co.jp/

❶柚・栗タルトセット　❷亀井製菓　❸愛媛県松山市枝松1-5-39　❹089-931-5051　❺道後温泉のホテルや土産物店など　❻可　❼http://www.kameiseika.jp/

❶松山あげきざみ　❷程野商店　❸愛媛県松山市高岡町285-1　❹089-971-3233　❺いよてつ高島屋、三越松山店、松山空港、松山町　松山銘品館、道後商店街、松山観光港ターミナルなど　❻可　❼http://www.matsuyamaage.co.jp/

徳 島

❶aalto coffeeコーヒー豆（ブレンド）　❷aalto coffee　❸徳島県徳島市佐古二番町18-12　❹088-679-7550　❺上記店舗　❻可　❼http://aaltocoffee.com

❶創作和菓子　遊山　❷茜庵　❸徳島県徳島市徳島町3-44　❹088-625-8866　❺上記店舗、そごう徳島店（予約販売）　❻可　❼http://www.akanean.com

❶亥の子菓子　❷島尾菓子店　❸徳島県三好市井川町辻85　❹0883-78-2072　❺上記店舗、キヨスク、スーパー、徳島駅クレメントプラザ　おみやげ一番館、阿波おどり会館など　❻可　❼なし

❶さくらんぼいちごスライス　❷ミカモフレテック（さくらんぼいちご工房）　❸徳島県美馬市美馬町田辺78　❹0883-63-6215　❺徳島県物産観光交流プラザ　あるでよ徳島、ふるさと物産館　徳島・香川トモニ市場（東京）など　❻可　❼http://m-fletec.co.jp/

高 知

❶お花畑クッキー　❷アットイーズまるふく農園　❸高知県高知市福井町512-1　❹088-875-3826　❺上記店舗、まちのシューレ963（香川）、OnomichiU2（広島）、イノブン四条本店（京都）、CALL（東京）など　❻可　※送料別　❼http://www.marufuku.noen.biz/

広島

❶うみべのしおのり ❷三國屋 ❸広島県広島市西区商工センター 1-11-4 ❹0120-33-3928 ❺そごう広島店、福屋八丁堀本店、福屋 広島駅前店、広島三越店など ❻可 ❼http://www.mikuniya-nori.com

❶バターケーキ ❷バターケーキの長崎堂 ❸広島県広島市中区中町3-24 ❹082-247-0769 ❺上記店舗のみ ※現金書留にて前払い。取寄できない時期あり ❼http://nagasakido.net/

❶紅白カーブ最中 ❷お菓子処 旭堂 ❸広島県広島市中区光南1-5-23 ❹082-246-7011 ❺上記店舗、福屋広島駅前店、フジグラン緑井など ❻可 ❼http://asahidou.net/

❶板チョコレート ❷USHIO CHOCOLATL ❸広島県尾道市向島町立花2200 ❹0848-36-6408 ❺上記店舗、CITY LIGHTS、ONSAYA COFFEE (岡山)、Beyond Coffee Roasters (兵庫)、RoastersLittle Nap COFFEE STAND (東京) など ❻不可 ❼http://ushio-choco.com/

山口

❶ナギサ珈琲店のカフェオーレ ❷徳山コーヒーボーイ ❸山口県周南市二番町2-9 ❹0834-22-3543 ❺徳山コーヒーボーイ各店、山陽自動車道下松SAア上り、道の駅 ソレーネ周南、岩国錦帯橋 空 港skyショップ など ❻可 ❼http://www.coffeeboy.co.jp

❶カギ印中濃カレーソース ❷勝俣商会 ❸山口県下関市長崎新町9-14 ❹083-231-1842 ❺スーパーなど ❻可 ❼http://kagijirushi.com/

❶まほうだし、まほうつゆ ❷光浦醸造工業 ❸山口県防府市大字台道4725 ❹0835-32-0020 ❺上記住所 (工場直売、平日のみ)、デザインプラザHOFU 即売所など ❻可 ❼http://mitsuura.jp/

❶夏みかんマーマレード ❷光國本店 ❸山口県萩市熊谷町42 ❹0838-22-0239 ❺上記店舗、日本橋タカシマヤ銘菓百選コーナー (東京) など ❻可 ❼http://www.mitsukuni-honten.com/

四国地方

香川

❶水だしコーヒー、ショウガトウ ❷プシプシーナ珈琲 ❸香川県高松市朝日町2-19-16 ❹087-822-7332 ❺上記店舗、かがわ物産館 栗林庵、道の駅 源平の里 むれ、まちのシューレ963など ❻可 ❼http://www.pushipushicoffee.com

❶ぶどう餅 ❷巴堂 ❸香川県東かがわ市 三本松1152-7 ❹0879-25-3115 ❺上記店舗、高松駅キヨスク ❻可 ❼http://tomoedo.com/

❶さぬきの珈琲屋さんのカフェオレベース ❷焙煎元 和樂 ❸香川県さぬき市志度365-9 ❹0120-756-578 ❺上記店舗、四国ショップ88、かがわ物産館 栗林庵、道の駅 源平の里 むれ、香川・愛媛 せとうち旬彩館 (東京) など ❼http://www.baisenmoto-waraku.com/

❼ http://kikkouya.jimdo.com/

❶白バラ牛乳サブレ　❷グローバル・ガストロ・サービス　牛乳大好き事業部　❸東京都渋谷区神宮前6-35-3　0120-675-119　❺中国・四国地域のセブンイレブン、大山まきばみるくの里、カウィーのみる＠館など　❻不可　❼http://www.g-g-s.co.jp/

❶鳥取宝月堂の生姜せんべい　❷宝月堂　❸鳥取県鳥取市二階町3-121　0857-22-3745　❺上記店舗、鳥取大丸、イオン鳥取北店、たくみ工藝店　❻可　❼http://hougetsudou.jp/

❶甘さひかえめ　砂丘らっきょうピクルス　❷シセイ堂デザイン　❸鳥取県鳥取市吉方温泉3-802　❹0857-22-1122　❺鳥取市ふるさと物産館、砂の美術館売店、とっとり・おかやま新橋館（東京）　❻可　❼http://swance.jp/

島根

❶バラパン　❷なんぼうパン　❸島根県出雲市知井宮町1274-6　❹0853-21-0062　❺上記店舗、出雲縁結び空港売店、スーパー、道の駅キララ多伎など　❻可　❼なし

❶出雲ぜんざい　❷宿禰餅本舗坂根屋本店　❸島根県出雲市今市町扇町890　❹0853-24-0986　❺上記店舗　❻可　❼http://sakaneya.jp/

❶紅白生姜糖・抹茶糖詰め合せ　❷山陰名産來間屋生姜糖本舗　❸島根県出雲市平田町774　❹0853-62-2115　❺上記店舗、出雲市駅、松江駅、出雲縁結び空港、道の駅 湯の川、島根県物産観光館、一畑百貨店松江店、一畑百貨

店出雲店、島根県立古代出雲歴史博物館ミュージアムショップなど　❻可　❼http://syougatou-honpo.jp/

❶どじょう掬いまんじゅう　❷中浦食品　❸島根県松江市東出雲町錦浜583-41　❹0852-53-0844　❺シャミネ松江店内中浦本舗、駅、空港、土産物店など　❻可　❼http://www.nakaura-f.co.jp/

岡山

❶ももたん　バターミルク味　❷ナショナルデパート　❸岡山県岡山市北区天神町9-2　❹086-226-6224　❺上記店舗、岡山空港、仙台三越（宮城）、諸国ご当地プラザ 東京駅一番街（東京）、諸国おかしプラザ 町田東急ツインズ（東京）など　❻可　❼http://depa.jp/

❶梶谷のシガーフライ　❷梶谷食品　❸岡山県倉敷市中庄2261-2　❹086-462-3500　❺袋入りはスーパーなど、瓶入りはカフェビスキュイのみ　❻袋入り不可、瓶入り可　❼http://www.kajitani-shokuhin.co.jp　http://www.cafe-biscuit.jp/（カフェビスキュイ）

❶きびだんご　❷山方永寿堂　❸岡山県岡山市中区西川原53-8　❹086-270-0202　❺岡山駅、岡山空港、吉備SA 上りなど　❻可　❼http://eijudo.co.jp/

❶ままニャウカウダ、ままチョビ　❷ココホレ物産　❸岡山県瀬戸内市邑久町尻海4393　❹086-259-1517　❺天満屋岡山店、岡山駅 おみやげ街道岡山、岡山空港など　❻可　❼http://mamakari.kkhr.jp

6833-3751 ❺ 上記店舗 ❼
http://cafe-eden.com/

❶カタシモのひやしあめ ❷カタシモワ
イナリー ❸大阪府柏原市太平寺2-7-
33 ❹072-972-0208 ❺ 天 満 天 神
MAIDO屋、メルカートピッコロ あべのハ
ルカス店、大阪百貨店（東京）など ❻
可 ❼http://www.kashiwara-wine.com/

奈良

❶レインボーラムネ ❷イコマ製菓本舗
❸奈良県生駒市俵口町1421-2 ❹非公
開 ❺上記住所（工場前 ※1日40袋
限定）など ❻不可 ※割れやすいため、
年に2回ハガキにて申し込み ❼http://
www.ramune.net/

❶鹿サブレ ❷くるみの木cage ❸奈
良県奈良市法蓮町567-1 ❹0742-20-
1480 ❺上記店舗、ときのもり LIVRER
❻可 ❼http://www.kuruminoki.co.jp

❶柿のジャム ❷かきいろ ❸奈良県奈
良市三条本町1-1 JR奈良駅構内ビエラ
奈良2F ❹0742-25-3535 ❺ 上記店
舗 ❻可 ❼http://kaki-iro.com

❶有機紅茶 月ヶ瀬夏摘み、有機紅茶
月ヶ瀬べにひかり ❷月ヶ瀬健康茶園
❸奈良県奈良市月ヶ瀬尾山1965 ❹
0743-92-0739 ❺くるみの木cage、空
気ケーキ、キッシュ専門店レ・カーセ、
カウリ、針テラスつけの畑高原屋、奈良
ロイヤルホテル売店、奈良オーガニック
マーケット（毎月最終日曜日開催）など
❻可 ❼http://www.tukicha.com/

❶あられ酒 ❷春鹿 ❸奈良県奈良市
福智院町24-1 ❹0742-23-2255 ❺
上記店舗、今西屋、酒商のより、西の京

地酒処きとら ❻可 ❼http://www.
harushika.com/

和歌山

❶特撰 本醸造「熊楠」 ❷世界一統
❸和歌山県和歌山市湊紺屋町1-10
❹073-433-1441 ❺上記店舗、近鉄百
貨店、リカーショップ、黒潮市場 和歌
山特産品コーナー、とれとれ市場 とれ
とれ酒店 など ❻可 ❼http://www.
sekaiitto.co.jp/index.html

❶レモンケーキ、デラックスケーキ ❷
鈴屋 ❸和歌山県田辺市湊1022 ❹
0739-22-0436 ❺上記店舗 ❻可 ❼
http://dxcake.jp

❶くまみつカステラ、おとなしカステラ
❷café alma ❸和歌山県田辺市本宮
町本宮195-3 熊野本宮大社 瑞鳳殿
内 ❹080-9508-1125 ❺熊野本宮
大社 瑞鳳殿 カフェ アルマのみ ❻可
※電話のみ ❼https://www.facebook.
com/kumanohongutaisya.cafealma/

❶伊藤農園100%ピュアジュース ❷伊
藤農園 ❸和歌山県有田市宮原町滝川
原498-2 ❹0737-88-7053 ❺上記住
所（みかんの木）、アドベンチャーワール
ド、SA、わかやま紀州館（東京）など
❻可 ❼http://www.ito-noen.com

中国地方

鳥取

❶鳥取ブランケーキ ❷亀甲や ❸鳥
取県鳥取市片原2-116 ❹0857-23-
7021 ❺上記店舗、鳥取駅キヨスク、と
っとり・おかやま新橋館（東京） ❻可

228

❹0749-48-0800　❺上記店舗、米原駅キヨスク（金土日祝のみ）、名神高速道路多賀SA上り　❻可　❼http://itokirimochi.com/

❶h3 Caribou　❷ヒトミワイナリー　❸滋賀県東近江市山上町2083　❹0748-27-1707　❺上記住所（直売）、道の駅あいとうマーガレットステーション、近鉄百貨店 草津店、彦根 四番町スクエアなど　❻可　❼http://www.nigoriwine.jp

京都

❶SIZUYAPAN　❷志津屋　❸京都府京都市下京区東塩小路町8-3　JR京都駅八条口 アスティロード内　❹075-692-2452　❺上記店舗　❻可　❼http://www.sizuya.co.jp/

❶琥珀糖、有平糖　❷鶴屋吉信IRODORI　❸京都府京都市下京区東塩小路町8-3　JR京都駅八条口 アスティロード内　❹075-574-7627　❺上記店舗、東京店のみ　❻可　❼http://www.turuya.co.jp

❶いり番茶ティーバッグ　❷一保堂茶舗　❸京都府京都市中京区寺町通二条上ル　❹075-211-3421　❺上記店舗、大丸京都店、京都タカシマヤ、近鉄名店街 みやこみち、ハーベス京都店、四条センターなど　❻可　❼http://www.ippodo-tea.co.jp

❶はしだて印　いわし油づけ（オイルサーディン）　❷竹中罐詰　❸京都府宮津市 小田 宿 野 160-3　❹0772-25-0500　❺天橋立周辺土産物店など　❻可　❼なし

❶季節の生菓子　❷nikiniki　❸京都府

京都市下京区四条西木屋町角　❹075-254-8284　❺上記店舗、京都駅店　❻不可　❼なし

兵庫

❶宝塚人形焼　❷福進堂総本店　❸兵庫県神戸市兵庫区新開地5-2-14　078-575-3125　❺宝塚大劇場 レビューショップのみ　❻不可　❼http://www.fukushindo.com/

❶本店オリジナル　ギフトセット10　❷トアロードデリカテッセン　❸兵庫県神戸市中央区北長狭通2-6-5　❹0120-56-1186　❺上記店舗　❻可　❼http://tor-road-delica.com/

❶ロミーナ　❷げんぶ堂　❸兵庫県豊岡市中陰376-3　❹0796-23-5555　❺上記店舗、城崎木屋町店、城崎駅前店、出石店　❻可　❼http://genbudo.jp/

❶オリジナルバター　❷フロインドリーブ　❸兵庫県神戸市中央区生田町4-6-15　❹078-231-6051　❺上記店舗のみ　❻可　※クール便　❼http://freundlieb.jp

大阪

❶クリスタルボンボン　❷長﨑堂　❸大阪府大阪市中央区心斎橋筋2-1-29　❹06-6211-0551　❺上記店舗　❻不可　❼http://www.nagasakido.com/

❶とびばこパン　❷Pain de Singe　❸大阪府堺市西区津久野町1-8-15　❹072-320-7257　❺上記店舗　❻可　※電話注文のみ　❼http://singe.jp

❶りすとどんぐりセットM　❷eden　❸大阪府吹田市山田西4-1-105　❹06-

4758 ❺上記店舗 ❻不可 ❼http://
tsubame-ya.jp/

❶ウイロバー ❷大須ういろ ❸愛知
県名古屋市緑区清水山2-1619 ❹052-
626-3000 ❺上記店舗、名古屋駅キヨ
スク、中部国際空港 セントレア、高速道
路SA・PAなど ❻可 ❼http://www.
osu-uiro.co.jp

岐 阜

❶大地のかりんとう ❷山本佐太郎商店
❸岐阜県岐阜市松屋町17 ❹058-
262-0432 ❺上記店舗、ツバメヤ、おや
つやお、ザ・リブレット カラフルタウン
岐阜店など ❼https://www.
m-karintou.com/

❶みずのいろ ❷御菓子つちや ❸岐
阜県大垣市俵町39 ❹0120-78-5311
❺上記店舗で予約限定販売(基本的
に店頭に並ぶことはありません) ❻不
可 ※割れやすいため ❼http://www.
kakiyokan.com

❶鵜坊 ❷甘泉堂総本店 ❸岐阜県岐
阜市美殿町46 ❹058-262-2533 ❺
上記店舗 ❻可 ❼http://www.gifu-
kansendou.jp/

❶カステーラ ❷松浦軒本店 ❸岐阜
県恵那市岩村町本町3-246 ❹0573-
43-2541 ❺上記店舗、ジェイアール名
古屋タカシマヤ 銘菓百選(愛知)など
❻可 ❼http://matsuhon.enat.jp

三 重

❶サトナカ　お結び ❷EMELON ❸
三重県伊勢市河崎2-4-4 モナリザ ❹
0596-22-7600 ❺上記店舗、アコメヤ

(東京) ❻可 ❼http://www.emelon-
shop.net/

❶湯の花せんべい ❷日の出屋製菓
❸三重県三重郡菰野町菰野5062 ❹
059-394-2364 ❺上記店舗、湯の山温
泉のホテルや土産物店、道の駅 菰野、
伊勢かもしか出張店など ❻可 ❼
http://www.hinodeya-seika.net/

❶鬼屋敷・忍者最中 ❷御菓子司おお
にし ❸三重県伊賀市上野中町3009-1
❹0595-21-1440 ❺上記店舗、だんじ
り会館、伊賀ドライブイン ❻不可 ❼
なし

❶伊勢うどん ❷伊勢かもしか出張所
❸三重県伊勢市宇治浦田1-3-4 ❹
0596-67-7275 ❺上記店舗、d47 design
travel store(東京)、紀伊國屋スーパー各
店など ❻可 ❼http://mrkw.jp

関西地方

滋 賀

❶まるい食パンラスク ❷つるやパン
❸滋賀県長浜市木之本町木之本1105
番地 ❹0749-82-3162 ❺上記店舗、
つるやパン まるい食パン専門店、平和
堂 長浜店など ❻可 ❼http://www.
tsuruyapan.jp/

❶五色ボーロ ❷元祖 堅ボーロ本舗
❸滋賀県長浜市朝日町3-16 ❹0749-
62-1650 ❺上記店舗、長浜市内のホテル
など ❻可 ❼http://www.katabo-
ro.com

❶糸切餅 ❷糸切餅 元祖 莚寿堂本
舗 ❸滋賀県犬上郡多賀町多賀599

❼ https://www.toraya-group.co.jp

❶ほし＆クッキーセット　❷空いろ　❸
東京都千代田区丸の内1-9-1 東京駅一
番街1F　TOKYO Me+内　❸03-6256-
0582　❺上記店舗　❻可　※「ポンパ
レモール」にて。ホームページにリンクあ
り　❼http://sorairo-kuya.jp/

神奈川

❶鳩サブレーオリジナルグッズ　❷豊島
屋　❸神奈川県鎌倉市小町2-11-19
❹0120-83-2810　❺上記店舗（鳩グッ
ズは本店のみの取り扱い）　❻可　※鳩
サブレーと配送可能な和菓子のみ　❼
http://www.hato.co.jp

❶ラー油　❷DAILY by LONG TRACK
FOODS　❸神奈川県鎌倉市小町
1-13-10　鎌倉市農協連即売所内
0467-24-7020（LONG TRACK FOODS）
❺上記店舗　❻可　❼http://
longtrackfoods.com

❶マタンセット　❷Romi-Unie Confiture
❸神奈川県鎌倉市小町2-15-11　❹
0467-61-3033　❺上記店舗　❻可　❼
http://www.romi-unie.jp/

❶カフェオレベース　❷café vivement
dimanche　❸神奈川県鎌倉市小町
2-1-5　❹0467-23-9952　❺上記店舗
❻可　❼http://dimanche.shop-pro.jp/

東海地方

静岡

❶4種のツナ缶セット　❷由比缶詰所
❸静岡県静岡市清水区由比429-1　❹

0120-272-548　❺上記住所（直売所）
など　❻可　❼http://www.yuican.com

❶ミニあげ潮　❷まるたや洋菓子店
❸静岡県浜松市中区神田町367
053-441-9456　❺上記店舗、浜松駅ビル
メイワンエキマチ店など（他サイズは、
静岡県西部・中部のキオスク、東名SA
でも販売）など　❻可　❼http://www.
marutaya.net

❶こねりギフトボックスM　❷coneri
❸静岡県浜松市浜北区染地台6-7-11
nicoe内　❹053-587-7889　❺上記店
舗　❻可　❼http://coneri.jp/

❶Mt.FUJI COLD BREW COFFEE　❷
IFNi ROASTING & CO.　❸静岡県静岡市
葵区水道町125　❹054-255-0122　❺上
記店舗　❻可　❼http://ifni.theshop.jp

愛知

❶青柳　小倉サンド、カエルまんじゅう
❷青柳総本家　❸愛知県名古屋市守山
区瀬古1-919　❹052-793-0136　❺上
記店舗、エスカ直営店、名古屋駅キヨス
ク、中部国際空港 セントレアなど　❻可
❼http://aoyagiuirou.co.jp

❶マースカレー、即席カレー　❷オリエ
ンタル　❸愛知県稲沢市大矢町高松1-1
❹0587-36-1515　❺東急ハンズ名古屋
店、大須お土産カンパニー、高速道路SA、
中部国際空港 セントレア 吉田商店、日
本昭和村、なごみ屋、全国のカルディな
ど　❻可　❼http://www.oriental-curry.
co.jp/

❶名古屋あんこサブレ　❷ツバメヤ　❸
愛知県名古屋市中村区名駅3-28-12
大名古屋ビルヂングB1　❹052-414-

ー・デュ・ボヌール）、イーサイト高崎店、ららん藤岡店　⑥可　⑦http://www.gateaufesta-harada.com/

千葉

① ピーナッツバター　② HAPPY NUTS DAY　③ 千葉県山武郡九十九里町片貝6902-38　④ 03-6869-9811　⑤ 豆nakano、深澤ピーナッツ、LANDROME九十九里店、DEAN&DELUCA八重洲店（東京）、FOOD&COMPANY（東京）など　⑥可　⑦http://happynutsday.com

① 漁師町の朝ごはん　海苔とかつおぶしと昆布　② 永井商店　③ 千葉県鴨川市滑谷190　④ 04-7092-0057　⑤ 市原SA上り たべたびマーケット、道の駅（みんなみの里、オーシャンパーク、はなまる市場、富楽里とみやま、海のマルシェ、発酵の里）、柏タカシマヤ、潮騒市場、房総 四季の蔵など　⑥可　⑦http://www.nagai-katsuobushi.com

① 玉黄金らっきょう　② コミヤ味工③ 千葉県館山市笠名1575　④ 0470-22-2238　⑤ 房総の土産物店、全国の百貨店など　⑥可　⑦http://www.komiyamiko.co.jp/

① ぬれ煎餅　② 銚子電気鉄道　③ 千葉県銚子市小浜町1753-1　④ 0479-26-4343　⑤ 県内のニューデイズ、東関東自動車道PAなど　⑥可　⑦http://www.choshi-dentetsu.jp/

埼玉

① 白鷺宝　② 菓匠 花見　③ 埼玉県さいたま市浦和区高砂1-6-10　④ 0120-873-554　⑤ 上記店舗、伊勢丹浦和店、そごう大宮店、まるひろ川越店など　⑥可

※ 本店のみ　⑦http://www.kasho-hanami.co.jp

① おくりものアットハート　② アルピーノ村 お菓子やさん　③ 埼玉県さいたま市大宮区北袋町1-130　④ 048-647-8805⑤ 上記店舗（工房本店）、コクーンシティ店　⑥可　⑦http://www.alpino.co.jp/

① 花ゼリー　苺缶　② 彩果の宝石　③埼玉県さいたま市浦和区高砂1-12-1浦和コルソ1F　④ 048-831-6333　⑤上記店舗（浦和コルソ店）、南浦和店など⑥可　※オンラインショップのみhttp://www.saikano-hoseki.jp

① 手焼豆たびせんべい　② 煎屋　③ 埼玉県鴻巣市吹上本町4-15-1　④ 048-548-8168　⑤ 上記住所（工場直売所）、道の駅、SA、百貨店など　⑥可　⑦http://www.sen-ya.co.jp/

東京

① フルール　②（店名）PARADIS（ブランド）花のババロア havaro　③ 東京都千代田区丸の内1-9-1 東京駅一番街TOKYO Me＋内　④ 03-3218-0051　⑤上記店舗　⑥不可　⑦http://www.hana-no-babaroa.com/

① BAKED SEASON　② Fairycake Fair③ 東京都千代田区丸の内1-9-1 JR東日本東京駅構内B1　④ 03-3211-0055⑤ 上記店舗　⑥不可　⑦http://www.fairycake.jp/

① TORAYA TOKYO限定パッケージ　小形羊羹「夜の梅」　② TORAYA TOKYO③ 東京都千代田区丸の内1-9-1 東京ステーションホテル2階　④ 03-5220-2345⑤ 上記店舗　⑥不可（店頭販売のみ）

（オンラインショップ）

関東地方

茨城

❶ハチブドー酒（赤・白）　❷シャトーカミヤ　❸茨城県牛久市中央3-20-1　❹029-873-3151　❺上記店舗、神谷バー（東京）　❻可　❼http://www.ch-kamiya.jp/

❶茨城干いも　白鳥の雪ん子　❷農事組合法人白鳥干いも生産組合　❸茨城県鉾田市阿玉1539-3　❹0291-39-5993　❺農産物直売所 えるふ農園、茨城マルシェ（東京）　❻可　❼http://shiratori-farm.co.jp/

❶アイスコーヒーとアイスティーのセット　❷サザコーヒー　❸茨城県ひたちなか市共栄町8-18　❹029-274-1151　❺サザコーヒー各店、品川駅構内など　❻可　❼http://www.saza.co.jp/

❶舟納豆　詰合せ　❷丸真食品　❸茨城県常陸大宮市野口477-1　❹0120-04-2770　❺上記店舗、水戸京成百貨店地下1F　舟納豆売り場など　❻可　❼http://www.funanatto.co.jp/

栃木

❶金谷ホテルクッキース　❷金谷ホテルベーカリー　❸栃木県日光市土沢992-1　❹0288-21-1275　❺日光金谷ホテル ギフトショップ、中禅寺金谷ホテル ギフトショップ、金谷ホテルベーカリー各店　❻不可　❼http://www.kanayahotelbakery.co.jp/

❶日光人形焼　❷日光人形焼みしまや　❸栃木県日光市石屋町440　❹0288-54-0488　❺上記店舗　❻可　❼http://www.nikko-n.com/

❶トラピストガレット　❷シトー会那須の聖母修道院　❸栃木県那須郡那須町大字豊原乙川西3101　❹0287-77-1024　❺那須近郊ダイエー各店、土産物店、各地のカトリック教会など　❻可　※修道院にFAXにて注文。送料がかかります　❼http://www.nastra.or.jp/

❶関東・栃木レモン、関東・栃木イチゴ　❷栃木乳業　❸栃木県栃木市大平町川連432　❹0282-24-8831　❺SA、道の駅、ニューデイズ、コンビニ（セブンイレブン、ローソン）、スーパー、とちまるショップ（東京）など　❻可　❼http://www.tochigimilk.co.jp

群馬

❶花ぱん　❷小松屋　❸群馬県桐生市本町4-82　❹0277-44-5477　❺上記店舗　❻可　❼なし

❶レモンケーキ　❷菓子工房こまつや　❸群馬県甘楽郡甘楽町金井90-3　❹0274-74-3008　❺上記店舗、ぐんまちゃん家（東京）　❻可　❼http://lemon-k.com/

❶高崎だるま手作最中　❷微笑庵　❸群馬県高崎市剣崎町1038-4　❹027-343-3026　❺上記店舗　❻可　❼http://www.misyouan.com/

❶グーテ・デ・プリンセス　❷ガトーフェスタ ハラダ　❸群馬県高崎市新町1207　❹0120-520-082　❺上記住所（ガトーフェスタハラダ 新本館 シャト

福 井

❶眼鏡堅麺麭 ❷越前夢工房 ❸福井県鯖江市吉谷町120 ❹0778-25-1119 ❺福井駅売店、セブンイレブン キヨスクＪＲ鯖江駅店、めがねミュージアム、道の駅 西山公園、福井県内高速道路ＳＡ・ＰＡ、ふくい南青山291（東京）など ❻可 ❼http://echizen-yumekobo.com/

❶もみわかめ 小瓶 ❷波屋 ❸福井県坂井市三国町北本町3-3-44 ❹0776-82-3738 ❺上記店舗など ❻可 ❼http://www.namiya.co.jp

❶ローヤルさわやかメロン ❷北陸ローヤルボトリング協業組合 ❸福井県福井市上野本町5-1 ❹0776-56-0577 ❺福井駅前 ハピリン、コンビニ（サークルＫ）、スーパーなど ❻可 ❼http://royal.cmbc.jp/

❶味付たら ❷早﨑商店 ❸福井県坂井市三国町加戸123-1 ❹0776-82-2121 ❺道の駅みくに、スーパー、土産物店など ❻可 ❼http://www.hokurikumeihin.com/hayazaki/

長 野

❶白鳥の湖 ❷開運堂本店 ❸長野県松本市中央2-2-15 ❹0263-32-0506 ❺上記店舗、あづみのインター店、銀座NAGANO（東京）など ❻可 ❼http://www.kaiundo.co.jp

❶オブセ牛乳焼きドーナツ ❷マルイチ産商 ❸長野県長野市青木島町綱島750-3 ❹026-284-5312 ❺小布施ハイウェイオアシス 道の駅オアシスおぶせ、フローラルガーデンおぶせ、小売店、銀座NAGANO（東京） ❻不可 ❼http://www.maruichi.com/

❶ミミーサブレ ❷翁堂 ❸長野県松本市大手4-3-13 ❹0263-32-0183 ❺上記店舗 ❻可 ※代金引換のみ ❼http://www.mcci.or.jp/www/okinado

❶野沢菜茶漬 ❷おむすびころりん本舗 ❸長野県安曇野市三郷明盛1513-1 ❹0263-77-2461 ❺中央高速道 ＳＡ、松本駅、長野駅 ステーションビル、土産物店、道の駅、百貨店、スーパー、銀座NAGANO（東京）など ❻可 ❼http://omusbikororin.co.jp/

山 梨

❶月の雫 ❷桔梗屋 ❸山梨県笛吹市一宮町坪井1928（坪井工業団地内） ❹0553-47-3700 ❺上記店舗 ❻可 ❼http://www.kikyouya.co.jp/

❶フジヤマクッキー ❷FUJIYAMA COOKIE ❸山梨県南都留郡富士河口湖町浅川1165-1 ❹0555-72-2220 ❺上記店舗など ❻可 ❼http://www.fujiyamacookie.jp/

❶ふじフォン ❷シフォン富士 ❸山梨県富士吉田市大明見2-23-44 ❹0555-24-8488 ❺上記店舗、道の駅富士吉田、紅富士の湯、セルバ 河口湖BELL店、富士山富士スバルライン五合目 こみたけ売店 ❻可 ❼http://chiffonfuji.jp

❶イトリキカレー ❷糸力 ❸山梨県富士吉田市下吉田5-11-15 ❹0555-22-8032 ❺上記店舗、道の駅富士かつやま、東名高速足柄ＳＡ下り えび伝茶屋（静岡）など ❻可 ❼http://www.itoriki.com/（糸力） http://lpc.shop-pro.jp/

234

❶マリールゥのパンケーキミックス ❷marilou ❸新潟県新潟市中央区東中通1-86-28サカイビル1F ❹025-228-0470 ❺上記店舗、新潟市美術館ミュージアムショップ ルルル、ヒッコリースリートラベラーズ、ツバメコーヒー、tetoteなど ❻可 ※自社オンラインショップと楽天市場から購入可 ❼http://marilou.jp

❶ドリップバック ツバメブレンド、イヌワシブレンド ❷ツバメコーヒー ❸新潟県燕市吉田2760-1 ❹0256-77-8781 ❺上記店舗、北書店など ❻可 ❼http://tsubamecoffee.com/

❶スワミルクヨーカン ❷諏訪乳業 ❸新潟県見附市葛巻町746番地 ❹0258-62-0498 ❺道の駅、スーパー、表参道・新潟館ネスパス(東京)、じょんのびにいがた(大阪)など ❻可 ※インターネットショッピングモール「どまいち」で可能 ❼なし

富山

❶T五 薄氷本舗 五郎丸屋 ❷富山県小矢部市中央町5-5 ❸0766-67-0039 ❺上記店舗、きときと市場 とやまルシェ ❻可 ❼http://www.usugori.co.jp

❶SAYSFARM CIDRE ❷SAYSFARM ❸富山県氷見市余川字北山238 ❹0766-72-8288 ❺上記店舗、つりや 富山駅店、つりや ひみ番野街店 ❻可 ❼http://www.saysfarm.com

❶細工かまぼこ ❷梅かま ❸富山県富山市水橋肘崎482-8 ❹076-479-0303 ❺上記住所(梅かまミュージアム U-mei館)、きときと市場 とやまマル

シェ店など ❻可 ❼http://umekama.co.jp

❶高岡ラムネ 宝尽くし ❷大野屋 ❸富山県高岡市木舟町12 ❹0766-25-0215 ❺上記店舗、きときと市場 とやまマルシェ、高岡駅 クルン高岡、新高岡駅おみやげ処 高岡、日本橋とやま館(東京)、d47 design travel store(東京) ❻可 ❼http://www.ohno-ya.jp

石川

❶加賀いろはテトラシリーズ 詰合せ ❷丸八製茶場 ❸石川県加賀市動橋町タ1-8 ❹0120-41-5578 ❺上記住所(茶房 実生) ❼http://kagaboucha.co.jp/web/shopping/(オンラインショップ)

❶お天気どらやき ❷茶菓工房たろう ❸石川県金沢市弥生2-9-15 ❹076-213-7233 ❺上記店舗、金沢駅 金沢百番街 あんと ❻可 ※日持ちが短いので要注意 ❼http://www.sakakobo-taro.com/

❶ミックス ❷金沢のピクルス ❸石川県金沢市才田町甲86 ❹076-208-3341 ❺保存食専門店ストック、福光屋 金沢店など ❻可 ❼http://www.kanazawa-pickles.jp

❶とり野菜みそ ❷まつや ❸石川県かほく市木津内14-2 ❹0120-888-752 ❺上記住所(レストランまつや)、道の駅高松、金沢駅構内 くつろぎ館 Aガイヤ、小松空港、スーパーなど ❻可 ❼http://www.toriyasaimiso.jp/

❼なし

❶まるやま　からからせんべい　❷宇佐美煎餅店　❸山形県鶴岡市錦町10-10　❹0235-22-0187　❺道の駅、土産物店、全国有名百貨店など　❻可　❼http://www.karakara.co.jp

宮城

❶冬季限定　霜ばしら　❷九重本舗玉澤　❸宮城県仙台市太白区郡山4-2-1（本社）　❹022-246-3211　❺九重本舗玉澤各店、エスパル仙台 仙臺みやげ館など　❻可　※ヤマト運輸コレクト便（現金払い代引のみ）　❼http://tamazawa.jp

❶かご盛り　❷仙台駄がし本舗　日立家　❸宮城県仙台市宮城野区小田原1-4-7　❹022-297-0525　❺上記店舗、仙台駅構内売店、エスパル仙台 仙臺みやげ館　❻可　❼http://www.sendaidagashi.com/

❶純米原酒　鳴子こけし　❷田中酒造店大崎蔵　❸宮城県大崎市古川馬寄字屋敷3-2　❹0120-006-155　❺鳴子観光ホテル売店、あ・ら・伊達な道の駅、エスパル仙台 酒ミュージアム 吉岡屋、大崎市観光物産センター Dozo、古川駅 おみやげ処おおさき、大崎市「ふるさと納税」返礼品など　❻不可　❼なし

❶パパ好み　❷松倉　❸宮城県大崎市古川前田町4-6　❹0229-22-0259　❺上記店舗、百貨店、駅、アウトレット、スーパー、コンビニ、SA、ホテル、道の駅、新幹線車内販売（「特選パパ好み」のみ）、宮城ふるさとプラザ（東京）など　❻可　❼http://www.papagonomi.com/

福島

❶あいづじょっこ　❷会津路菓子処白虎堂　❸福島県会津若松市馬場町1-51　❹0242-22-1123　❺上記店舗　❻可　※ホームページ等はないが、代引は可　❼なし

❶べこの乳発　会津の雪、ソフトクリーミィヨーグルト　❷会津中央乳業　❸福島県河沼郡会津坂下町大字金上字辰巳19-1　❹0242-83-2324　❺べこの乳アイス牧場、日本橋ふくしま館 MIDETTE（東京）、日本百貨店しょくひんかん（東京）など　❻ソフトクリーミィヨーグルト不可（ふるさと納税返礼品として取り扱いあり）／べこの乳発　会津の雪　可　❼http://aizumilk.com/

❶太陽堂のむぎせんべい　❷太陽堂むぎせんべい本舗　❸福島県福島市陣場町9-30　❹024-531-3077　❺上記店舗、エスパル福島、ニューデイズ福島 西口店など　❻可　❼http://sky.geocities.jp/qyy02327/sub11-2

❶滋養パンセット　❷長門屋本店　❸福島県会津若松市川原町2-10　❹0242-27-1358　❺上記店舗、七日町店　❻可　❼http://www.nagatoya.net/

北陸・甲信地方

新潟

❶雪男　純米酒　❷青木酒造　❸新潟県南魚沼市塩沢1214　❹025-782-0023　❺越後湯沢駅 ぽんしゅ館 越後湯沢店、新潟駅 ぽんしゅ館 新潟店　❻不可　❼http://www.kakurei.co.jp

236

秋田

❶リキッドアイスコーヒー ❷08COFFEE ❸秋田県秋田市山王新町13-21-2F ❹018-893-3330 ❺上記店舗 ❻可 ❼http://08coffee.tumblr.com/

❶クロワッサンラスク ラフィネ ❷櫻山 ❸秋田県雄勝郡羽後町西馬音内字向下川原24-6 ❹0120-129683 CAFE OHZAN本店（営業は不定期のため、要問い合わせ）、銀座三越店（東京）、伊勢丹新宿店（東京）など ❻可 ❼http://www.cafe-ohzan.com/

❶千秋苑 ❷お菓子のくらた ❸秋田県湯沢市字黄金原1 ❹0183-73-5185 ❺お菓子のくらた各店、秋田空港 おみやげ広場 あ・え～る、秋田ステーションビル トピコ ❻可 ❼http://www.okashinokurata.com

❶ハチ公サブレ ❷大鳳堂 ❸秋田県大館市部垂町37-5 ❹0186-42-0491 ❺上記店舗、秋田県ふるさと館（東京） ❻可 ❼http://hp.akitanokasi.com/taihoudou/

岩手

❶ロシア・ビスケット ❷盛岡正食普及会 ❸岩手県盛岡市上ノ橋町1-48 019-652-3751 ❺上記店舗、パルクアベニュー・カワトク、クロステラス盛岡、イオンモール盛岡、もりおか啄木・賢治青春館 ❻可 ❼なし

❶国産サバのオリーブオイル漬け サヴァ缶 ❷岩手県産株式会社 ❸岩手県紫波郡矢巾町流通センター南1-8-9 ❹019-638-8161 ❺特産品プラザ らら・いわて盛岡店、いわて銀河プラザ（東京）など ❻可 ❼http://www.iwatekensan.co.jp/

❶生南部サブレ ずんだ ❷南部せんべい乃 巖手屋 ❸岩手県二戸市石切所前田41-1 ❹0195-23-6311 ❺各駅売店、いわて花巻空港2F売店 ❻可 ❼http://www.iwateya.co.jp

❶盛岡ドミニカン修道院 ガレット ❷パルクアベニュー・カワトク ❸岩手県盛岡市菜園1-10-1 ❹019-651-1111（代表） ❺パルクアベニュー・カワトク県産品コーナー、アネックスカワトクふるさとコーナー ※カワトクオリジナル商品のため、他店取り扱いなし ❻可 ※インターネットまたは電話（代引） ❼http://www.kawatoku.com/

山形

❶ギフトBOXオランダちゃん ❷酒田米菓 ❸山形県酒田市両羽町2-24 ❹0234-22-9541 ❺オランダせんべいFACTORY、庄内観光物産館ふるさと本舗、酒田夢の倶楽、道の駅、空港、おいしい山形プラザ（東京）など ❻可 ❼http://www.sakatabeika.co.jp

❶おやつちけっと ❷カワチ製菓 ❸非公開 ❹非公開 ❺取り扱いのある雑貨店、本屋、イベントなどで購入可。不定期、数量限定販売のため、ホームページで、販売店、販売日をご確認ください ❻不可 ❼http://www.kawachiyaka.com/

❶アップルパイ ❷老舗西谷 ❸山形県山形市旅篭町2-1-10 ❹023-622-0815 ❺上記店舗 ❻可 ※電話、FAX利用（代引）、7〜8月はクール便

おみやげガイド

本書で紹介したおみやげの購入に役立つ情報を掲載します。
内容は、2016年12月1日時点のものです。
最新情報は、各店舗にお問い合わせください。

 表の みかた ❶品名 ❷店名、もしくは製造元 ❸住所 ❹電話番号 ❺買いやすい場所・お店 ❻お取り寄せ(可・不可) ❼ホームページアドレス

北海道

北海道

❶ロシアケーキ ❷千秋庵製菓 ❸北海道札幌市中央区南3条西3-17 ❹011-251-6131 ❺上記店舗、新千歳空港店、札幌エスタ店など ❻可 ❼http://senshuan.co.jp

❶幸せを灯す マッチ棒クッキー ❷十勝菓子工房 菓音 ❸北海道帯広市岩内町東2線6-1 ❹なし ❺h66、東京都内百貨店(不定期) ❻可(不定期) ❼http://www.kita-kanon.jp

❶ドリップバック珈琲 ❷石田珈琲店 ❸北海道札幌市北区北16条西3-1-18 ❹011-792-5244 ❺上記店舗 ❻可 ❼www.ishidacoffeeten.com

❶お花のクッキー はなこ ❷洋菓子アリス ❸北海道札幌市西区西野8条5-17-9 ❹011-664-7757 ❺上記店舗、北海道どさんこプラザ札幌店 ❻可 ❼http://www.yougashi-alice.jp/

東北地方

青森

❶バナナ最中 ❷旭松堂 ❸青森県弘前市本町102 ❹0172-32-4023 ❺上記店舗、青森空港、新青森駅 ❻可 ❼http://www.e877.jp

❶ジャム3個入れ ❷青森リンゴ加工 ❸青森県南津軽郡藤崎町大字藤崎字中村井28-10 ❹0172-75-3730 ❺中三(青森本店、弘前店)、青森県観光物産館アスパム、A-FACTORY、イオン藤崎店、食彩ときわ館 ❻可 ❼なし

❶家出のするめ ❷三沢市寺山修司記念館 ❸青森県三沢市大字三沢字淋代平116-2955 ❹0176-59-3434 ❺上記記念館 ❻可 ❼https://www.terayamaworld.com/

❶津輕 ❷ラグノオ ささき ❸青森弘前市百石町9 ❹0172-33-2122 ❺ラグノオ各店、あおもり旬味館、弘前駅ビル アプリーズなど ❻可 ❼http://www.rag-s.com

本書は、サンマーク文庫のための書き下ろしです。

サンマーク文庫

全国かわいいおみやげ

2016年12月25日　初版 発行
2022年 7 月15日　第3刷発行

著者　甲斐みのり
発行人　植木宣隆
発行所　株式会社サンマーク出版
東京都新宿区高田馬場2-16-11
電話 03-5272-3166

フォーマットデザイン　重原 隆
本文組版　轡田昭彦＋坪井朋子
印刷・製本　株式会社暁印刷
落丁・乱丁本はお取り替えいたします。
定価はカバーに表示してあります。
©Minori Kai, 2016　Printed in Japan
ISBN978-4-7631-6082-9　C0130

ホームページ　http://www.sunmark.co.jp